A PRÁTICA
DO AMOR
A JESUS CRISTO

SANTO AFONSO MARIA DE LIGÓRIO

A PRÁTICA DO AMOR A JESUS CRISTO

Diretor editorial:
Pe. Fábio Evaristo R. Silva, C.Ss.R.

Copidesque:
Luana Galvão

Coordenação editorial:
Ana Lúcia de Castro Leite

Revisão:
Ana Lúcia de Castro Leite

Tradução:
Pe. Gervásio Fabri dos Anjos, C.Ss.R.

Diagramação:
Bruno Olivoto

Dados Internacionais de Catalogação na Publicação (CIP)
(Câmara Brasileira do Livro, SP, Brasil)

Afonso Maria de Ligório, Santo, 1696-1787.
A Prática do amor a Jesus Cristo / Afonso Maria de Ligório; Tradução Gervásio Fabri dos Anjos. – 7. ed. – Aparecida, SP: Editora Santuário, 1996

Título Original: Pratica di amar Gesú Cristo
ISBN 85-7200-440-8
ISBN 978-65-5527-039-6 (e-book)

1. Amor – Aspectos religiosos – Cristianismo 2. Amor (Teologia) 3. Deus – Adoração e amor 4. Jesus Cristo 5. Teologia dogmática I. Título.

96-4238 CDD-232

Índices para catálogo sistemático:
1. Jesus Cristo: Teologia dogmática cristã 232

Este livro foi composto com as famílias tipográficas Times e Times New Roman e impresso em papel Offset 63g/m² pela **Gráfica Santuário.**

33ª impressão

Rua Pe. Claro Monteiro, 342 – 12570-045 – Aparecida-SP
Tel.: 12 3104-2000 – Televendas: 0800 0 16 00 04
www.editorasantuario.com.br
vendas@editorasantuario.com.br

APRESENTAÇÃO

Estamos diante de um livro escrito por Santo Afonso Maria de Ligório, e publicado em 1768. É um tratado sobre a filosofia do amor vivido e praticado em um grau muito alto. O próprio autor viu este livro como "a mais devota e útil" de todas as suas obras espirituais.

O sucesso deste pequeno grande livro foi rápido e sua acolhida foi calorosa em quase todo o mundo. Em pouco tempo ele foi traduzido para várias línguas. Hoje, já está traduzido em quase todas as línguas faladas do mundo.

Os quatro primeiros capítulos são como que uma introdução ao livro, e aí está mostrando como Jesus Cristo merece nosso amor por sua paixão e pela instituição da Eucaristia. Depois, utilizando as palavras da Primeira Carta aos Coríntios (cap. XIII): A caridade é paciente, é benigna, a caridade não é invejosa etc., o autor mostra, em 13 capítulos, "as principais virtudes a serem praticadas e os defeitos a serem evitados para conservar e aumentar em nós o santo amor: a paciência, a bondade e mansidão, a humildade, o fervor, a fé, a esperança, a conformidade com a vontade de Deus".

Eis o início e o complemento da perfeição. Dois motivos fundamentais dominam este tratado prático: o amor como resposta necessária, irrecusável, à exigência terminante colocada aqui por Deus, Ele que foi o primeiro a amar os homens; e a convicção, estranha na aparência, de que o amor se chega pela prática ou exercício do amor. Isto é, chega-se ao amor amando.

"Quem ama, escreve alhures Santo Afonso, necessariamente deseja ser amado. Coração exige coração, amor exige amor." Essa doutrina, tão rica de conteúdo, vem assim expressa em seus escritos espirituais: "Deus vos ama? Amai-o". Ou então: "O nosso bom Deus, porque nos ama muito, muito deseja ser amado por nós; e por isso não só nos chamou a seu amor com inúmeros e repetidos convites nas Sagradas Escrituras e com muitíssimos benefícios comuns e particulares, mas quis também nos obrigar a isso com um preceito bem expresso, ameaçando com o inferno quem não o ama".

"Se soubéssemos, escreve ele, que em algum reino da terra há um príncipe formoso, santo, sábio, cortês, piedoso", nós o amaríamos. Se um homem qualquer nos faz algum benefício, se um cão se nos mostra fiel, nós lhes somos gratos. "Mas, meu Jesus, esta regra vale para os outros, vale para todos, só não vale para vós."

E sua perseguição a nós é um acontecimento contínuo já desde o começo da história. A criação é obra do amor. Certamente, antes da Encarnação do Verbo, o homem podia duvidar que Deus o amava com ternura, porque, a rigor, a verdade desse fato, surpreendente e incrível, não era coisa que podíamos compreender na ordem natural. Mas, depois que Ele revelou seu segredo em uma epifania de sangue, depois da morte de Jesus Cristo, quem poderia duvidar disso? Agora que sua luz iluminou nosso caminho, compreendemos que, em todas as partes, Ele nos envolve com seu amor irresistível.

Vejam, o significado da revelação do Filho de Deus é este: o amor que parece uma lei constitucional de nosso ser, o amor de Deus na ordem da graça, é um dom, algo que somente Ele nos pode dar, e, sem Ele, nós nem o podemos desejar. "Quereis o amor? – escreve Santo Afonso – pedi-o." "O Senhor é pródigo em distribuir seus dons, mas, sobretudo, é pródigo em dar o amor a quem o procura, porque este amor é o que Ele, mais do que tudo, exige de nós."

Daí o segundo motivo que domina a *Prática do Amor a Jesus Cristo* e, em geral, toda a doutrina espiritual de Santo Afonso.

Pergunta-se, e não sem razão, como é possível incutir uma prática do amor, ou melhor, como é possível educar-se para amar, como para um exercício virtuoso, uma vez que entre os sentimentos do coração não há nada de mais espontâneo e impetuoso do que o amor. Não se ama por força ou por exercício.

Mas essa pergunta, cabível sem dúvida, foi colocada pelo próprio Deus, que dá, no primeiro mandamento, uma obrigação rigorosa de amá-lo. A resposta, esplendidamente bela, é aquela que acima foi acenada por Santo Afonso. O amor, como sentimento humano, espontâneo, não se comanda, recebe-se quando o merecemos. Mas o amor de Deus é graça, é virtude infusa, como dizem os teólogos, juntamente com a fé e a esperança, graça e, portanto, dom gratuito, que é também nova criação de nossa alma pelo batismo. Um cristão só pelo fato de ser cristão, tem em si o amor de Deus como raiz de toda a sua atividade futura; pode e deve amar a Deus porque Deus é o próprio amor que lhe invade a alma, para excitá-lo, estimulá-lo, impeli-lo a responder; não a dar por primeiro, mas retribuir amor a Deus que lho pede de volta.

Assim se compreende como o amor de Deus pode ser o início de todo o caminho da perfeição e também seu complemento. Exortar a prática do amor é exortar a pôr em ação um princípio de atividade virtuosa que há em nós desde o batismo. Ele deve impregnar toda a nossa vida, e quando a impregna, todo ato, toda respiração, toda palavra é virtude e amor de Deus. "Ama e faze o que queres." Esse célebre dito de Santo Agostinho é exatamente o tema da Prática de Santo Afonso e daí o procedimento deste precioso livrinho: quem ama a Jesus, ama todas as virtudes, isto é, ama exercitar-se nelas, ama a prática do amor, para purificar-se da escória do pecado e de toda a decadência espiritual, e depois elevar-se, até chegar a amar a Deus com a pureza de uma vontade não mais natural e humana porque unificada com a de Deus.

Essa é a síntese das doutrinas contidas ou supostas pela *Prática*, por este pequeno livro que saturou aquele que teve fome e sede de heroísmo, tanto nos tempos em que viveu seu santo autor como nos que vieram depois. Fará o mesmo, nós o esperamos, também hoje, a quantos tiverem a ventura de lê-lo, não simplesmente por lê-lo, mas por anseio de fazer-se santo.

Agora, é importante que quem lê este livro tenha bem presente que ele foi publicado pela primeira vez em 1768. Por isso certos conceitos expressos nele são daquele tempo. Mas em nada ficam diminuídos o valor e a importância desta obra.

Vamos perceber que certos conceitos cristológicos que nele aparecem não se ajustam com a cristologia de nosso tempo. Mas quem quiser estudar cristologia deverá buscar outros livros escritos nos tempos de hoje.

Sem querer subestimar a ascese do tempo, é bom nos alertarmos para a evolução de certos conceitos a respeito das virtudes da humildade, da obediência, do amor ao sofrimento. Tudo isso sofre o condicionamento do tempo. Às vezes, fica na gente a impressão de que a humildade consiste em uma negação de si mesmo e de seus valores; em uma renúncia aos direitos e à dignidade da pessoa humana; em uma ocultação das próprias aptidões e qualidades. Além do exagero de linguagem e de conceito, o livro paga o tributo da ascese do tempo do autor.

Também quando fala da obediência, o autor não foge ao pensamento da época: obediência cega. Não se pensava ainda em uma obediência corresponsável, na necessidade de diálogo dentro da comunidade para se descobrir a vontade de Deus e assim obedecer conscientemente. Imaginem só: naquele tempo a obediência a um superior era um critério infalível de que se estava fazendo a vontade de Deus. Até se buscava na obediência tranquilidade para aquilo que se fazia. Não ser capaz de fazer nada sem ser mandado, só para ter o mérito da obediência, era virtude. Hoje, o que é? Mas isso não diminui em nada o valor do livro.

Há algumas referências ao amor, ao sofrimento, que deixam para alguns a impressão de masoquismo. Mas isso não nos deve impressionar, sobretudo, em um mundo que tanto sofre como é o nosso. O que se quer dizer é sobre a necessidade de se aprender a aceitar o sofrimento para se sofrer menos.

Daí por que este livro é para pessoas maduras, valentes e fortes na fé, que saibam discernir o que era próprio do tempo em que o livro foi escrito, e como transformá-lo e atualizá-lo para nossos dias. Este livro é um desafio. O certo é que este livro é um livro de ouro.

Pe. Francisco Costa, C.Ss.R.

CAPÍTULO I

QUANTO JESUS CRISTO, POR SUA PAIXÃO, MERECE SER AMADO

Toda a santidade e toda a perfeição de uma pessoa consistem em amar a Jesus Cristo, nosso Deus, nosso maior bem, nosso Salvador. Jesus Cristo mesmo disse: "Quem me ama será amado por meu Pai"[1].

São Francisco de Sales diz: "Alguns põem a perfeição na austeridade da vida, outros na oração, estes na frequência dos sacramentos, aqueles nas esmolas. Enganam-se. A perfeição consiste em amar a Deus de todo o coração"[2]. Como escreve São Paulo: "Mas, sobretudo, revesti-vos de caridade, que é o vínculo da perfeição"[3].

A caridade une e conserva todas as virtudes que fazem um homem perfeito. Santo Agostinho exclamava: "Ama e faze o que queres"[4]. A pessoa que ama a Deus aprende deste amor a evitar o que lhe desagrada e a fazer tudo o que lhe agrada.

Amor eterno

Por acaso, não merece Deus todo o nosso amor? Ele nos amou eternamente: "Amo-te com um amor eterno".[5] Deus diz ao homem:

[1] Jo 16,27.
[2] Camus, Esprit de S. François de Sales, p. 1, c. 25.
S. Francisco de Sales, Introdução à Vida Devota, p. 1, c. 1.
[3] Cl 3,14.
[4] Sto. Agostinho, In Epist. Joannis ad Parthos, t. 7, n. 8, ML 35-2033.
[5] Jr 31,3.

– “Olhe, fui eu o primeiro a amar você. Você não estava ainda no mundo. O mundo nem existia, e eu já o amava. Eu amo você desde que sou Deus. Amo você, e desde que amei a mim mesmo, amei também você!”

Santa Inês, virgem, tinha razão quando lhe apresentaram jovens que pretendiam ser seus esposos. Ela dizia:

– “Outro amor me conquistou primeiro. Jovens deste mundo, desistam de pretender meu amor. O primeiro a me amar foi meu Deus. Amou-me desde a eternidade, por isso é justo dar-lhe todos os meus afetos, não amar outro senão Ele!”[6]

Os homens deixam-se levar pelas recompensas. Deus quis cativá-los a seu amor por meio de seus dons. Disse, portanto:

– Quero atrair os homens a me amar com aqueles laços com que se deixam prender, isto é, laços de amor[7] que são exatamente todos os dons feitos por Deus aos homens. Dotou-os de alma com potências perfeitas a sua imagem, memória, entendimento, vontade. O corpo com seus sentidos. Depois criou o céu, a terra e tantas outras coisas, todas por amor do homem. Céus, estrelas, plantas, mares, rios, fontes, montanhas, metais, frutas e tantas espécies de animais. Deus criou tudo para o homem e quer que este o ame em agradecimento por tantos dons. Santo Agostinho exclamava:

– “O céu e a terra e todas as coisas me dizem que eu devo amar-vos. Senhor meu, todas as coisas que vejo na terra e acima da terra me falam e me exortam a vos amar. Todas me dizem que as fizestes por meu amor”.[8]

---

[6] Antigo Ofício da festa de Sta. Inês, ant. Sta. Inês, ant. 1 do I not.

[7] Os 11,4.

[8] Sto. Agostinho, Confissões, 1. 10, c. 6, n. 8, ML 32-782.

O abade Rancé, fundador da Trapa[9], ficava olhando de sua ermida as colinas, as fontes, as aves, as flores, as plantas e o céu; sentia-se inflamado por Deus em cada uma dessas criaturas feitas por seu amor[10].

Santa Maria Madalena de Pazzi inflamava-se no amor de Deus quando tinha nas mãos uma bonita flor:

– "Meu Senhor pensou em criar esta flor, desde toda a eternidade, por meu amor". Essa flor tornava-se em suas mãos como uma flecha de amor que a feria e unia sua pessoa mais intimamente a Deus[11].

Olhando as árvores, as fontes, os regatos, lagos e campos, dizia Santa Teresa: "Todas estas belas criaturas me lembram minha ingratidão por amar tão pouco o Criador. Criou-as para ser amado por mim"[12]. Conta-se que um eremita, caminhando pelo campo, sentia que as plantas e as flores como que reprovavam sua ingratidão para com Deus. Tocando-as com a bengala, dizia-lhes:

– "Calem-se, calem-se. Vocês me chamam de ingrato; dizem-me que Deus as criou por meu amor e eu não o amo. Já entendo. Calem-se, calem-se! Não me reprovem mais"[13].

---

[9] TRAPA é um conjunto de casas pequenas, mais retirado das cidades, onde vivem pessoas em muito silêncio, orações, trabalho e vida comunitária. "ERMIDA" são as casas que compõem a trapa. Eremitas são as pessoas que moram nas ermidas (Nota do tradutor).

[10] Dom A. J. Le Bouthillier de Rancé, De La sainteté et des devoirs de la vie monastique, c. 7, I.

[11] Puccini, Vita (1611) – p. I, c. 34.

[12] Sta. Teresa, Libro de La Vida, c. 9. Obras, I, 65.

[13] Scaramelli, Direttorio Ascetico, t. 1, a. 7, c. 4, n. 201. – O devoto solitário de quem fala Sto. Afonso é S. Simão Salo.

Mas Deus não se contentou em dar-nos essas belas criaturas. Além disso, para cativar todo o nosso amor, Ele deu-se a nós em todo o seu ser. Deus Pai chegou ao extremo de nos dar seu próprio Filho: "Deus amou de tal modo o mundo que lhe deu seu Filho único"[14].

Vendo-nos mortos e privados de sua graça por causa do pecado, o que fez o Eterno Pai? Pelo amor imenso, ou melhor, pelo amor excessivo que nos tinha, mandou seu querido Filho que pagasse por nossos pecados. Devolveu-nos assim a vida tirada de nós pelo pecado. Como diz São Paulo: "Mas Deus que é rico em misericórdia, pelo excessivo amor com que nos amou, quando estávamos mortos por nossos pecados, vivificou-nos juntamente com Cristo"[15].

Dando-nos o Filho, não o perdoando para nos perdoar, deu-nos todos os bens: sua graça, seu amor, o céu. Todos esses bens são certamente menores que o Filho de Deus!

"Aquele que não poupou seu próprio Filho, mas que o entregou por todos nós, como não nos dará também com Ele todas as coisas?"[16]

O Filho de Deus, pelo amor que nos tem, deu-se também todo a nós: "Amou-nos e se entregou a si mesmo por nós"[17]. Fez-se homem, vestiu-se de carne, como nós. "O Verbo se fez carne"[18] para nos remir da morte eterna, recuperar-nos a graça divina, o paraíso perdido. Eis um Deus aniquilado! "Esva-

---

[14] Jo 3,16.
[15] Ef 2,4-5.
[16] Rm 8,32.
[17] Gl 2,20.
[18] Jo 1,14.

ziou-se a si mesmo e assumiu a condição de servo tomando a semelhança humana."[19] O Senhor do mundo humilhou-se até tomar a forma de servo. Sujeita-se a todas as misérias que os homens padecem.

Servo na dor

Sem morrer nem sofrer, Ele bem podia salvar-nos, é o que mais se admira. Mas não! Escolheu uma vida de aflições e desprezos e uma morte cruel e vergonhosa. Morreu em uma cruz, destinada aos criminosos: "Humilhou-se ainda mais e foi obediente até a morte, e morte de cruz"[20].

Podendo remir-nos sem sofrer, por que desejou escolher a morte de cruz? Para nos mostrar seu amor: "Amou-nos e se entregou por nós"[21]. Amou-nos e, porque nos amava, entregou-se nos braços da dor, da vergonha, da morte mais dolorosa que algum homem já suportou na terra.

Amor que impele

São Paulo, apaixonado por Jesus Cristo, diz com razão: "A caridade de Cristo nos constrange"[22]. E ele se refere não tanto ao que Cristo sofreu, mas ao amor que nos mostrou em seus sofrimentos. É isto que nos obriga e quase nos força a amá-lo. Sobre isso diz São Francisco de Sales: "Jesus, verdadeiro Deus, amou-nos até sofrer por nós a morte na cruz. Não é isto como que ter nosso coração debaixo de uma prensa?

[19] Fl 2,7.
[20] Fl 2,8.
[21] Ef 5,2.
[22] 2Cor 5,14.

Como que senti-lo apertar com vigor e espremer amor com uma força que é tanto mais forte quanto mais amável? Por que não abraçamos Jesus Cristo Crucificado para morrer na cruz com Ele? Ele quis morrer nela por nosso amor. Eu o abraçarei, deveríamos dizer, e não o abandonarei jamais. Morrerei com Ele, abrasar-me-ei nas chamas de seu amor. Um mesmo fogo consumirá este divino Criador e sua miserável criatura. Cristo se dá todo a mim e eu me entrego todo a Ele. Viverei e morrerei sobre seu coração: nem a vida, nem a morte me separarão dele. Ó Amor Eterno, minha alma vos busca e vos acolhe para sempre. Vinde, Espírito Santo, inflamai nossos corações em vosso amor. Ou amar ou morrer! Morrer a qualquer outro amor, para viver no amor de Cristo. Salvador dos homens, fazei que cantemos eternamente: viva Jesus, a quem amo. Amo a Jesus que vive nos séculos dos séculos"[23].

O amor de Jesus Cristo aos homens era tanto que desejava a hora de sua morte para lhes mostrar o afeto que lhes tinha. Por isso, com frequência, repetia em sua vida: "Devo receber o batismo, e quanto o desejo até que ele se realize"[24].

Eu tenho que ser batizado em meu próprio sangue! Como me sinto desejoso de que chegue depressa a hora de minha Paixão, para que, depressa também, o homem conheça por ela o amor que lhe tenho.

São João fala daquela noite em que Jesus Cristo começou sua paixão: "Sabendo que chegara sua hora de passar deste mundo para o Pai, tendo amado os seus que estavam no mundo, amou-os até o fim"[25]. O Redentor chamava aquela

---

[23] S. Francisco de Sales, Tratado do Amor de Deus, 1. 7, c. 8 e 1. 12, c. 13.
[24] Lc 12,50.
[25] Jo 13,1.

hora de "sua hora", porque o tempo de sua morte era o tempo desejado por Ele. Queria dar aos homens a última prova de amor, morrendo por eles em uma cruz, consumido de dores.

Uma loucura

Quem pôde, alguma vez, levar Deus a morrer condenado em uma cruz no meio de dois criminosos, com tanta vergonha para sua grandeza de Deus? Quem fez isto? Pergunta São Bernardo. E responde:

– "Foi o amor, que esqueceu sua dignidade".[26]

O amor, quando procura fazer-se conhecido, não leva em conta aquilo que mais convém à dignidade da pessoa que ama, mas o que mais conduz a manifestar-se à pessoa amada. Com muita razão exclamava São Francisco de Paula, olhando um crucifixo: "Ó caridade, ó caridade, ó caridade"[27]. Vendo Jesus na Cruz, deveremos, entusiasmados, exclamar: ó amor, ó amor, ó amor!

Se a fé não nos garantisse, quem poderia crer que Deus onipotente, Senhor de tudo, quis amar tanto o homem, parecendo até ficar fora de si, por amor de nós? São Lourenço Justiniano dizia: "Vimos a própria sabedoria, o Verbo Eterno enlouquecido por excessivo amor pelos homens"[28].

Tomando nas mãos um crucifixo, Santa Maria Madalena de Pazzi exclamava admirada: "Sim Jesus, vós estais louco de amor. Eu o digo e sempre direi, estais louco de amor"[29].

---

[26] S. Bernardo, Tractatus de caritate, c. 6, n. 29: ML 184-599 - In Cantica, Sermo 64, n. 10: ML 183-1088.

[27] Isidoro Toscano di Paola, Vita, 1. 4, c. 7.

[28] S. Lourenço Justiniano, Sermo in Nativ. Domini, n. 4.

[29] Sta. M. Madalena de Pazzi, cit. de Puccini, Vita, p. 1, c. 11.

Mas Dionísio Areopagita dizia: "Não, não é uma loucura. O amor de Deus tem como efeito fazer sair fora de si aquele que ama, e se dar inteiramente à pessoa amada"[30].

Oxalá os homens considerassem, olhando Jesus Crucificado, o afeto que Ele teve a cada um de nós! São Francisco de Sales dizia: "Ficaríamos abrasados à vista das chamas que se encontram em nosso Redentor! Que felicidade poder arder naquele fogo em que arde nosso Deus! Que alegria estarmos unidos a Deus com cadeias de amor"[31]. São Boaventura dizia que as chagas de Jesus Cristo ferem os corações mais duros e aquecem as almas mais frias[32]. Quantas flechas de amor saem dessas chagas e ferem os corações mais insensíveis! Quantas chamas saem do Coração ardente de Cristo e aquecem os corações mais frios! Quantas cadeias saem do lado ferido e prendem os corações mais endurecidos!

O amor de Cristo

São João de Ávila era tão entusiasmado por Jesus Cristo que em todas as suas pregações não deixava nunca de falar do amor de Cristo por nós. Escrevendo sobre o amor de nosso querido Redentor, expressa estes ardentes sentimentos, que por serem muitos bonitos, resolvi colocar aqui:

"Vós, Redentor, amastes o homem de tal modo que, quem considerar este amor, não pode deixar de vos amar. Vosso amor faz violência aos corações, como diz São Paulo: 'O amor de Cristo nos constrange!' A origem do amor de Jesus Cristo para

---

[30] Dionísio Areopagita, De divinis nominibus, c. 4 § XIII. MG3-711.

[31] Gallizia, Vita, 1.6, c. 2: Massime e detti spirituali, Massime pergli ecclesiastici, n. 5.

[32] S. Boaventura, Stimulus amoris, p. 1, c.1.

com os homens é sua caridade para com Deus. Ele mesmo disse a seus discípulos na Quinta-feira Santa: 'Para que o mundo saiba que amo o Pai: levantai-vos e vamos'".

– Mas, para onde?

– Morrer pelos homens, na cruz!

Inteligência alguma compreenderá o quanto arde este fogo no Coração de Jesus Cristo. Assim como lhe foi mandado sofrer uma morte, do mesmo modo, se lhe tivesse sido ordenado que sofresse mil mortes, Ele teria amor bastante para sofrê-las todas. Foi-lhe imposto sofrer por todos os homens; mas se lhe fosse pedido fazê-lo pela salvação de um só, tê-lo-ia feito do mesmo modo que o fez por todos. Assim como esteve três horas na cruz, se fosse necessário estar nela até o dia do juízo, Ele teria amor para o fazer. Jesus Cristo amou muito mais do que sofreu.

Ó Amor Divino, fostes maior do que exteriormente vos mostrastes. Mostrastes-vos grande exteriormente, porque tantas chagas e feridas nos falam de um grande amor. Mas não dizem toda a sua grandeza. Interiormente fostes maior do que exteriormente vos manifestastes: vossas dores físicas foram, apenas, uma faísca que saiu daquela grande fornalha de imenso amor.

O maior sinal de amor é dar a vida pelos amigos. Contudo, não foi um sinal que bastasse a Jesus Cristo para exprimir seu amor por nós.

Esse amor, quando se dá a conhecer, faz as pessoas boas saírem de si e ficarem estarrecidas. Por isso, as pessoas sentem afervorar-se o coração, desejam o martírio, alegram-se no sofrimento, têm alívio nos grandes sofrimentos. Passeiam nas brasas como se fossem rosas, desejam os tormentos, regozijam-se com o que o mundo teme, abraçam o que o mundo detesta. Para a pessoa unida a Cristo na cruz – diz Santo Ambrósio – nenhuma coisa é mais consoladora e gloriosa do que trazer consigo os sinais de Jesus Crucificado.

Como retribuir

Como vos pagarei, ó Cristo, esse vosso amor? É justo que sangue se pague com sangue. Seja eu banhado com esse sangue e cravado nessa cruz. Recebe-me também em teus braços, ó santa cruz. Alarga-te, coroa de espinhos, para que eu coloque em ti minha cabeça. Cravos, deixai as mãos inocentes de meu Senhor e transpassai meu coração de compaixão e amor. Jesus, São Paulo diz que vossa morte foi para que vos apoderásseis dos vivos e dos mortos, não pelos castigos, mas pelo amor: "Cristo morreu e ressuscitou para ser o Senhor dos mortos e dos vivos"[33].

Roubador dos corações, a força de vosso amor estraçalhou nossos corações tão duros. Inflamastes todo o mundo em vosso amor. Senhor da sabedoria, inebriai nossos corações com esse vinho, abrasai-os com esse fogo, feri-os com essa flecha de vosso amor. Vossa cruz é arco e flecha que ferem os corações. Saiba todo o mundo que tenho o coração ferido.

"Ó grande Amor, o que fizestes? Viestes para curar e me feristes? Viestes para me ensinar a viver e me tornastes semelhante a um louco? Ó sabia loucura, não viva mais eu sem vós! Senhor, quando vos vejo na cruz, tudo me convida a amar: o madeiro, vossa pessoa, as feridas de vosso corpo e principalmente vosso amor. Tudo me convida a vos amar e não me esquecer mais de vós."[34]

---

[33] Rm 14,9.

[34] S. João de Ávila, Tratatti Del SS. Sacramento dell'Eucaristia, t. I, n. 14-18.

Para se chegar ao amor perfeito de Cristo é preciso empregar os meios adequados. Eis os meios que nos ensina Santo Tomás[35]:

I – Recordar-se continuamente dos benefícios divinos, gerais e particulares.

II – Considerar a infinita bondade de Deus que está sempre nos fazendo o bem. Sempre nos ama e procura ser amado por nós.

III – Evitar com cuidado tudo o que o desagrada, por mínimo que seja.

IV – Renunciar a todos os bens sensíveis a este mundo: riquezas, honras e prazeres dos sentidos.

O Padre Thauler acrescenta ainda: meditar sua paixão é um poderoso meio para obter o perfeito amor a Jesus Cristo[36].

Quem pode negar que a devoção à paixão de Jesus Cristo é a devoção mais útil, a mais cara e a mais terna a Deus? Devoção que mais consola os pecadores e mais anima as pessoas que amam? De onde recebemos tantos bens, senão da paixão de Cristo? De onde temos a esperança de perdão, a força contra as tentações, a confiança de chegar ao paraíso? De onde vêm tantas luzes da verdade, tantos convites de amor, tantos estímulos para mudar de vida, tantos desejos de nos doar a Deus, senão da paixão de Cristo? São Paulo tinha razão em chamar de condenado aquele que não ama a Jesus Cristo: "Se alguém não ama o Senhor, seja condenado!"[37].

---

[35] Sto. Tomás de Aquino, Opusc. De Dilect. Dei, § 1.

[36] J. Thauler, O.P., Epístola 20: Sermones de Festis, Institutiones, cum Epistolis aliquot.

[37] 1Cor 16,22.

Diz São Boaventura: “Se quereis progredir no amor de Deus, meditai todos os dias a paixão do Senhor. Nada contribui tanto para a santidade das pessoas como a paixão de Cristo”[38]. E dizia já Santo Agostinho: “Vale mais uma lágrima derramada ao lembrar da Paixão, do que o jejum a pão e água em cada semana”[39]. É por isso que os santos se ocuparam em meditar as dores de Cristo.

São Francisco de Assis tornou-se um grande santo com esse meio. Um dia, foi encontrado chorando e gritando em alta voz. Perguntaram-lhe o porquê.

– “Choro as dores e as humilhação de meu Senhor. O que mais me faz chorar é que os homens, por quem Ele sofreu tanto, vivem esquecidos dele.” Dizendo isso, soluçava mais ainda ao ponto de também cair em prantos a pessoa que o interrogava. Quando ouvia o balido de um cordeiro, ou de outra coisa que lhe lembrava Jesus Sofredor, vinham-lhe as lágrimas. Estando doente, alguém o aconselhou a ler um livro piedoso. Ele respondeu: “Meu livro é Jesus Crucificado”. Por isso é que exortava seus confrades a pensar sempre na paixão de Jesus Cristo[40]. “Quem não se enamora de Deus, vendo Cristo morto na cruz, não se abrasará jamais.”[41]

ORAÇÃO

Verbo Eterno, gastastes trinta e três anos de suores e privações. Destes o sangue e a vida para salvar os homens, nada poupando para vos fazerdes amados por eles. Como

[38] S. Boaventura, Stimulus amoris, p. I, c. 1.
[39] S. Bernardino de Bustis, Rosarium sermonum per Quadragesimam, p. 2, s. 15.
[40] S. Boaventura, Legenda Sancti Francisci, c. 8, n. 6; c. 13, n. 3; c. 5, n. 8.
[41] Tiepolo, Le considerazioni della Passione di N. S. Gesù Cristo, t. 10, Med. 37.

pode haver homens que, sabendo disto, ainda não vos amam? Ó Deus, eu me encontro no número destes ingratos. Compreendo o mal que fiz. Jesus tende piedade de mim. Ofereço-vos este meu coração: ingrato, mas arrependido. Arrependo-me, sobretudo, caro Redentor, de vos haver desprezado. Arrependo-me e vos amo com toda a minha alma.

Minha alma ama a um Deus amarrado como um réu por ti, flagelado como escravo por ti, feito rei e escárnio por ti, um Deus finalmente morto na cruz como um criminoso por ti. Sim, meu Salvador e meu Deus, eu vos amo, eu vos amo. Recordai-me sempre o que sofrestes por mim, para que não mais me esqueça de vos amar.

Cordas que amarrastes a Jesus, prendei-me com Jesus. Espinhos que coroastes Jesus, feri-me de amor para com Jesus. Pregos que transpassastes Jesus, pregai-me na cruz de Jesus, a fim de que eu viva e morra unido com Jesus. Sangue de Jesus, inebriai-me de santo amor. Morte de Jesus, fazei-me morrer a todo afeto terreno. Pés transpassados de meu Senhor, eu vos abraço; livrai-me do inferno que tenho merecido. Jesus, no inferno não poderei vos amar, mas eu quero vos amar sempre. Querido Salvador, salvai-me, uni-me a vós e não permitais que eu vos perca!

Maria, refúgio dos pecadores, Mãe de meu Salvador, ajudai a um pecador que deseja amar a Deus e se recomenda a vós. Socorrei-me pelo amor que tendes a Jesus Cristo.

CAPÍTULO II

JESUS CRISTO MERECE SER AMADO PELO AMOR DEMONSTRADO NA INSTITUIÇÃO DA EUCARISTIA

"Sabendo Jesus que chegara sua hora de passar deste mundo para o Pai, tendo amado os seus que estavam no mundo, amou-os até o fim." (Jo 13,1)

Nosso Salvador, sabendo ter chegado a hora de partir deste mundo, antes de morrer por nós, quis deixar-nos a maior prova possível de seu amor. Foi precisamente este dom do Santíssimo Sacramento. Diz São Bernardino: "As provas de amor que se dão na hora da morte ficam mais firmemente na memória e se prezam mais"[1]. Daí o costume de os amigos, ao morrer, deixarem algum presente, uma peça de roupa, um anel, às pessoas que amaram na vida, como recordação de sua amizade.

– Mas vós, Jesus, partindo deste mundo, o que nos deixastes em memória de vosso amor? Não uma veste, um anel, mas vosso corpo, vosso sangue, vossa alma, vossa divindade, vós mesmo, todo, sem reservas: "Deu-se todo não reservando nada para si"[2], diz São João Crisóstomo.

Neste dom da Eucaristia – diz o Concílio de Trento – Cristo quis derramar todas as riquezas do amor que reservava para os homens[3]. Ele quis fazer esse presente aos homens precisa-

---

[1] S.Bernardino de Sena, Quadragesimale de Evangelio aeterno, sermo 54, in Coena Domini, a. 1, c. 1.

[2] S. João Crisóstomo, Expositio in Ps. 44, n. 11. MG 55-200.

[3] Concílio de Trento, Sess. XIII, c. 2.

mente na noite em que os homens lhe preparavam a morte. Como diz São Paulo: "Na noite em que foi entregue, o Senhor Jesus tomou o pão e, depois de dar graças, partiu-o e disse: isto é o meu corpo que é entregue por vós"[4]. Diz São Bernardino de Sena que Jesus Cristo, abrasado de amor por nós e não satisfeito de preparar-se para dar sua vida pela nossa salvação, foi constrangido pelo excesso de seu amor a fazer uma obra maior: dar-nos, como alimento, seu próprio corpo[5].

Santo Tomás chama esse sacramento: "Sacramento de amor, prova de amor"[6]. Sacramento de amor, porque só o amor o levou a se dar todo nele. Prova de amor para que nós, se alguma vez duvidarmos de seu amor, tenhamos nesse sacramento uma prova. É como se nos dissesse o Redentor quando nos deixava este dom:

– Homens, se algum dia duvidarem de meu amor, eis que eu lhes deixo a mim mesmo neste sacramento. Com tal garantia na mão, não podem ter dúvidas de que eu os amo e os amo muito!

São Bernardo chama esse sacramento: "amor dos amores"[7]. É que este dom compreende todos os outros que o Senhor nos fez: a criação, a redenção, o destino ao céu. A Eucaristia não é só garantia do amor de Jesus Cristo, mas é também garantia do paraíso que Ele nos quer dar... onde, nos é dada a garantia da glória futura, diz a Igreja[8]. Por isso, São Filipe Néri não sabia chamar a Jesus Cristo na Eucaris-

---

[4] 1Cor 11,23-24.
[5] S. Bernardino de Sena, Obra citada, sermo 54, in Coena Domini, a. 1, c. 1.
[6] Summa Theol. 3, q. 73, a.3, ad 3; 3, q. 75, a. 1; 3, q. 78, a.3, ad 6.
[7] S. Bernardo, Sermo de excellentia SS. Sacramenti et dignitate sacerdotum, n. 10. ML 184-987.
[8] Antigo Ofício da Festa de Corpus Christi, ant. ao Magnificat.

tia senão com o nome de "amor". Quando lhe foi levado o viático, ouviram-no exclamar: "Eis o meu amor, dai-me o meu amor"[9].

Invenções de Deus

O Profeta Isaías queria que se manifestassem a todos as invenções encontradas por Deus para fazer-se amar pelos homens[10]. E quem teria imaginado se Ele mesmo não o tivesse feito, que o Verbo Encarnado se esconderia sobre as espécies do pão para se fazer nosso alimento? Não parece uma loucura, diz Santo Agostinho, dizer: comei minha carne, bebei meu sangue?[11]

Quando Jesus Cristo revelou a seus discípulos esse sacramento, que nos queria deixar, eles não puderam acreditar. Retiraram-se dizendo: "Como pode Ele nos dar a comer sua carne? Esta palavra é dura; quem pode escutá-la?"[12]. Mas o que os homens não podiam pensar nem acreditar, pensou-o e o fez o grande amor de Jesus Cristo. "Tomai e comei" – disse aos discípulos e por eles a todos nós, antes de morrer!

– "Tomai e comei!" Mas que alimento será esse, ó Salvador do mundo, que, antes de morrer nos queria dar?

– "Depois de dar graças, partiu-o e disse: isto é o meu corpo, que é entregue por vós."[13] Este alimento não é terreno, sou eu mesmo que me dou todo a vós!

[9] Pietro Giacomo Bacci, Vita, Brescia 1706, 1. 4, c. 1, n. 4.

[10] Is 12,4.

[11] Sto. Agostinho, Enarratio in Ps. 33, sermo 1, n. 8. ML 36-305.

[12] Jo 6,53.61.

[13] 1Cor 11,24.

Com que ardor deseja Jesus Cristo vir a nós pela Santa Comunhão! "Desejei ardentemente comer esta páscoa convosco antes de sofrer."[14] Desejei ardentemente, falou Ele naquela noite em que instituiu este sacramento de amor. Diz São Lourenço Justiniano: O amor que nos tinha o forçou a falar assim[15].

Para que facilmente cada um pudesse recebê-lo, quis ficar sob as aparências de pão. Se Ele tivesse ficado sob a aparência de algum alimento raro, ou de preço elevado, os pobres ficariam privados dele. Mas não, Jesus quis ficar sob as aparências de pão: custa pouco, em toda parte se encontra, todos poderão achá-lo e recebê-lo em qualquer lugar do mundo.

Para que nos animemos a recebê-lo na Sagrada Comunhão Ele nos exorta com muitos convites: "Vinde comer o pão e beber o vinho que vos preparei. Comei, amigos e bebei", referindo-se à Eucaristia[16]. Impõe-nos ainda como preceito: "Tomai e comei: isto é o meu corpo". Atrai-nos ainda com a promessa do paraíso para que o recebamos: "Quem come minha carne, tem a vida eterna. Quem come este pão viverá para sempre". Ameaça-nos com o inferno, com a exclusão do céu, se nos recusarmos a comungar: "Se não comerdes a carne do Filho do Homem e não beberdes seu sangue, não tereis a vida em vós"[17]. Estes convites, promessas e ameaças, nascem todos do grande desejo que Ele tem de vir a nós neste Sacramento.

---

[14] Lc 22,15.

[15] S. Lourenço Justiniano, De triumphali agone Mediatoris Christi. Opera, Lugduni 1628, p. 278, c. 1.

[16] Pr 1,5; Ct 5,1.

[17] 1Cor 11,24; Jo 6,53.55.59.

Mas por que Jesus Cristo deseja tanto que o recebamos na Sagrada Comunhão? Eis a razão. Diz São Dionísio que o amor sempre aspira e tende à união[18].

Os amigos, que se amam de coração, querem estar unidos de tal modo que formem uma só pessoa, diz Santo Tomás[19]. Ora, isto fez o imenso amor de Deus para com os homens. Deus não só se dá a eles no reino eterno, mas já neste mundo se deixa possuir pelos homens na união mais íntima possível. Dá-se todo sob as aparências de pão no sacramento da Eucaristia. Ali está como atrás de um muro e dali nos olha como através de apertadas grades: "Ei-lo atrás de nossas paredes, olhando pelas janelas, espreitando pelas grades"[20]. Ainda que nós não o vejamos, Ele de lá nos observa e lá está realmente presente. Está presente para se deixar possuir por nós, mas se esconde para que o desejemos. Enquanto não chegamos até o paraíso, Jesus Cristo quer dar-se todo a nós e estar intimamente unido conosco.

A União com Cristo

Ele não pôde contentar seu amor apenas dando-se todo ao gênero humano pela encarnação e paixão, morrendo por todos os homens. Quis ainda encontrar o meio de dar-se todo a cada um. Instituiu, por isso, o sacramento do altar a fim de unir-se todo a cada um de nós. "Quem come a minha carne permanece em mim e eu nele."[21] Na Comunhão, Jesus une-se à pessoa e a pessoa a Jesus. Esta união não é apenas de simples afeto, mas

---

[18] Dionísio Aeropagita, De divinis nominibus, c. 4, § 15. MG 3-714.
[19] Summa Theol. 1. 2, q. 28, a. 1 ad 2.
[20] Ct 2,9.
[21] Jo 6,57.

real e verdadeira. Por isso diz São Francisco de Sales: "Em nenhuma outra ação se pode considerar o Salvador mais carinhoso, mais amoroso do que nesta. Aniquila-se, por assim dizer, e se reduz a alimento para penetrar nossas almas e se unir ao coração de seus fiéis"[22]. Diz São João Crisóstomo: Jesus Cristo quer de tal modo unir-se conosco, pelo amor ardente que nos tem, que nos tornemos uma só coisa com Ele[23].

São Lourenço Justiniano diz: Ó Deus, que tanto nos amais, com este sacramento quisestes fazer com que nosso coração se tornasse um só com o vosso, inseparavelmente unido[24]. Acrescenta São Bernardino de Sena: O dar-se Jesus Cristo a nós como alimento foi o último grau de amor. Deu-se para se unir totalmente conosco como se une o alimento diário com quem o toma[25]. Oh! Quanto Cristo se alegra em estar unido conosco!

Certa vez, depois da comunhão, a serva Margarida de Ipres sentia como se Jesus lhe dissesse: "Vê, minha filha, a bela união entre mim e ti. Ama-me e estejamos sempre unidos no amor e não nos separemos mais"[26].

Portanto, devemos estar certos de que uma pessoa não pode fazer nem pensar fazer coisa agradável a Jesus Cristo, do que comungar com as disposições convenientes a tão grande hóspede. Assim se une a Cristo, pois esta é a intenção deste Senhor. Mas vejam bem o que eu disse: com as disposições convenientes; não disse "dignas" porque se estas fossem exigidas, quem poderia comungar? Só um outro Deus seria digno de receber um Deus.

---

[22] S. Francisco de Sales, Introdução à Vida Devota, p. 2, c. 21.

[23] S. João Crisóstomo, Hom. 61 ad populum antiochenum. MG 59-260.

[24] S. Lourenço Justiniano, De incendio divini amoris, c. 5, Opera Lugduni 1628, p. 740.

[25] S. Bernardino de Sena, Obra citada, sermo 54, a. 4, c. 1.

[26] P. H. Choquet, Vitae, p. 144-200.

Entendo como "convenientes" aquelas disposições que convêm a uma miserável criatura vestida da pecadora carne de Adão. Basta, ordinariamente falando, comungar em estado de graça e com vivo desejo de crescer no amor a Jesus Cristo. Dizia São Francisco de Sales: "Só por amor se deve receber Jesus Cristo na comunhão já que só por amor Ele se dá a nós" [27]-[28].

Entendemos, pois, que não existe coisa tão proveitosa a nós como a comunhão. O Pai eterno pôs nas mãos de Jesus Cristo todas as suas riquezas divinas: "O Pai tudo lhe colocou nas mãos"[29]. Por isso, quando Cristo vem até uma pessoa pela comunhão traz consigo imensos tesouros de graças. Uma pessoa que recebeu bem a comunhão pode dizer: "Com ela me vieram todos os bens"[30]. São Dionísio diz que o sacramento da Eucaristia tem poder de santificar as pessoas mais do que todos os outros meios espirituais[31]. E São Vicente Ferrer escreveu que maior proveito se tira da comunhão, do que uma semana de jejum a pão e água[32].

Disposições e efeitos

Primeiramente, como ensina o Concílio de Trento, a comunhão é o remédio que nos livra dos pecados veniais e nos preserva dos mortais: "Remédio pelo qual somos livres das falhas cotidianas e preservados dos pecados mortais"[33].

---

[27] S. Francisco de Sales, Introdução à Vida Devota, p. 2, c. 21.

[28] Seguindo a mentalidade da época, Sto. Afonso apresenta as orientações para a comunhão frequente baseadas no bom senso do diretor espiritual e normas de Inocêncio XI (1679). Omitimo-las por serem ultrapassadas (nota do tradutor).

[29] Jo 13,3.

[30] Sb 7,11.

[31] Dionísio Areopagita, De ecclesiastica hierarchia, c. 3. MG 3-423.

[32] S. Vicente Ferrer, O.P., Serm. Aestivales, Venetiis, 1573, In die sancto Paschae, sermo 2, fol. 7, a tergo.

[33] Concílio de Trento, Sess XIII, c. 2.

Diz-se que somos livres das falhas cotidianas porque, segundo Santo Tomás, por meio deste sacramento, o homem é estimulado a fazer atos de amor e por eles se apagam os pecados veniais. Somos preservados dos pecados mortais, porque a comunhão confere o aumento da graça que nos preserva das culpas graves[34]. Por isso escreveu Inocêncio III: "Jesus Cristo com sua Paixão nos livrou do poder do pecado, mas com a Eucaristia nos livra do poder de pecar"[35].

Além disso, este sacramento inflama de modo especial as pessoas no amor de Deus: "Deus é amor". É fogo que consome todos os afetos terrenos em nossos corações: "É fogo devorador". O Filho do Homem veio precisamente acender este fogo de amor na terra. Não tinha outro desejo senão ver aceso este santo fogo em cada um de nós. "Vim trazer fogo à terra, e que desejo, senão que ele se acenda?"[36] Que chamas de amor acende Jesus Cristo em todo aquele que devotamente o recebe neste Sacramento!

Santa Catarina de Sena imaginava Jesus Sacramentado nas mãos do sacerdote como se fosse um globo de fogo e a santa admirava-se de não ficarem abrasados e consumidos todos os corações dos homens[37]. Santa Rosa de Lima, depois da comunhão, impressionava a todos que dela se aproximavam por sua grande piedade e recolhimento[38]. Conta-se também que São Venceslau, ao visitar as igrejas onde estava o Santíssimo Sacramento, transformava-se exteriormente a ponto

[34] Summa Theol. 3 p., q. 79, a. 4.
[35] Inocêncio III, De sacro Altaris mysterio libri sex, 1. 4, c. 44. ML 217-885.
[36] Jo 4,8; Dt 4,24; Lc 12,49.
[37] B. Raimundo de Cápua, O.P., Vita, p. 2, c. 6.
[38] L. Hansen, O.P., Vita, c. 22.

de chamar a atenção de quem o seguia[39]. Por isso, diz São João Crisóstomo: O Santíssimo Sacramento é fogo que nos inflama de modo que, retirando-nos do altar, espargimos tais chamas de amor que nos tornam terríveis ao inferno[40].

Dizia a Esposa no Livro dos Cânticos: "Ele me introduziu numa adega". Escreveu São Gregório de Nissa que a comunhão é exatamente essa adega de vinho em que a pessoa fica inebriada do amor de Deus, de tal modo que esquece e perde de vista todas as coisas criadas[41]. É aquele morrer de amor mencionado pelo Livro dos Cânticos: "Estou enferma de amor"[42].

– Não comungo com frequência, dirá alguém, porque me vejo frio no amor de Deus.

Responde Gerson: Então, porque você se sente frio, quer se afastar do fogo?[43] Porque você se sente frio, tanto mais você deve se achegar a este Sacramento, se é que tem verdadeiro desejo de amar a Jesus Cristo! São Boaventura escreve: Ainda que friamente, aproxime-se confiando na misericórdia de Deus. Tanto mais uma pessoa precisa do médico, quanto mais se sente doente[44]. Também dizia São Francisco de Sales: "Duas espécies de pessoas devem comungar com frequência: os perfeitos, para se conservarem na perfeição, e os imperfeitos, para chega-

---

[39] Bollandisti, Acta Sanctorum, 28 setembro.

[40] S. João Crisóstomo, De Poenitentia, hom. 9: MG 499-345; In Ioannem, hom. 46, n. 3: MG 59-260, 261.

[41] S. Gregório de Nissa, In Cantica Canticorum, hom. 4. MG 44-846.

[42] Ct 2,4.5.

[43] Io. Gersonius, Collectorium super Magnificat, t. 9, partitio 3. Opera, tom. 3. Antuerpiae, 1706, col. 422.

[44] De profectu Relig., entre as obras de S. Boaventura, Lugduni 1668, vol. VII, p. 612.

rem à perfeição"[45]. Mas, para comungar frequentemente é preciso, ao menos, ter um grande desejo de fazer-se santo e crescer no amor a Jesus Cristo. "Quando você for comungar, deseje todo aquele amor que jamais um coração teve para comigo, e eu receberei este seu amor como você gostaria que fosse", é o que nos diz o Senhor[46].

ORAÇÃO

Deus de amor que nos amais sem limites, digno de um amor sem fim, dizei-me: que mais poderíeis inventar para vos fazerdes amado por nós? Não vos bastou fazer-vos homem e sujeitar-vos a todas as nossas misérias? Não vos bastou dar por nós todo o sangue à força de tormentos. Depois de morrer consumido de dores sobre um madeiro destinado aos maiores criminosos, colocaste-vos sob as aparências do pão, para vos fazerdes nosso alimento e, assim, unir-vos todo a cada um de nós. Dizei-me: que mais podíeis inventar para vos fazer amar? Ah! pobres de nós, se nesta vida não vos amamos! Quando entrarmos na eternidade, que remorsos nos causará o não vos ter amado!

Meu Jesus, não quero morrer sem vos amar e vos amar muito. Muito me aflige e penaliza ter-vos dado tantos desgostos. Arrependo-me e queria morrer de dor. Agora vos amo sobre todas as coisas. Amo-vos mais do que a mim mesmo e vos consagro todos os meus afetos. Vós, que me dais esse desejo, dai-me também a força de realizá-lo. Jesus,

---

[45] S. Francisco de Sales, Introdução à Vida Devota, p. 2, c. 21.

[46] Sentimentos de Sta. Matilde, mencionados por Luís Blósio, Conclave animae fidelis, p. 2, c. 6, n. 6.

eu não quero de vós outra coisa senão a vós. Agora que me atraístes a vosso amor, deixo tudo, renuncio a tudo. A vós me uno, só vós me bastais.

Mãe de Deus, Maria, pedi a Jesus por mim e fazei-me santo. Acrescentai este prodígio a tantos outros concedidos por vós: mudar os pecadores em santos!

CAPÍTULO III

GRANDE CONFIANÇA NO AMOR DE CRISTO E EM TUDO QUE NOS FEZ

Davi colocava toda a esperança de sua salvação no Redentor futuro: "Em vossas mãos entrego meu espírito; salvai-me, Senhor, Deus de verdade"[1]. Com mais razão nós devemos pôr nossa confiança em Jesus Cristo, depois que Ele veio e realizou a obra da redenção! Por isso devemos dizer com maior confiança e repetir sempre: "Em vossas mãos entrego meu espírito; salvai-me, Senhor, Deus de verdade".

Se nós temos motivos de temer a morte eterna por causa das ofensas feitas a Deus, temos também, em compensação, motivos muito mais fortes de esperar a vida eterna pelos merecimentos de Jesus Cristo! Seus méritos são de um valor infinitamente maior para nos salvar do que os nossos pecados para nos perder. Pecamos e merecemos o inferno. Mas veio o Redentor, tomou sobre si todas as nossas culpas para pagá-las com seus sofrimentos: "Em verdade, Ele tomou sobre si nossas doenças e encarregou-se de nossos sofrimentos"[2].

No mesmo instante em que pecamos, a sentença de condenação à morte eterna foi logo escrita por Deus contra nós. Mas o que fez nosso Redentor? "Apagou o documento escrito contra nós e o suprimiu definitivamente, pregando-o na cruz."[3]

---

[1] Sl 30,6.
[2] Is 53,4.
[3] Cl 2,14.

Cancelou com seu sangue o decreto de nossa condenação. Pregou-o na cruz para que nós, olhando a sentença de nossa condenação pelos pecados cometidos, olhássemos ao mesmo tempo para a cruz. Jesus Cristo, morrendo, apagou nossa condenação com seu sangue para que assim recuperássemos a esperança do perdão e da salvação eterna.

Fala por nós...

O sangue de Jesus fala por nós e nos obtém a divina misericórdia, mais do que o sangue de Abel falava contra Caim. "Vós vos aproximastes de Jesus, o mediador da nova aliança e do sangue da aspersão, que fala com mais eloquência que o sangue de Abel."[4]

É como se o apóstolo Paulo dissesse:

– Pecadores, felizes de vós que, depois do pecado, recorrestes a Jesus Crucificado. Ele derramou todo o sangue para se tornar assim o mediador da paz entre os pecadores e Deus, e obter para eles o perdão. Vossas iniquidades clamam contra vós, mas o sangue do Redentor está a vosso favor. A justiça divina não pode deixar de ser aplacada com a voz deste sangue.

É verdade que prestaremos contas rigorosas ao juiz eterno de todos os nossos pecados. Mas quem será nosso juiz? "O Pai a ninguém julga, mas confiou ao Filho todo julgamento."[5] Consolemo-nos, o Pai Eterno constituiu como nosso juiz nosso Redentor. Por isso São Paulo nos encoraja: "Quem nos condenará? Cristo Jesus, aquele que morreu... é que intercede por nós"[6].

[4] Hb 12,24.
[5] Jo 5,22.
[6] Rm 8,34.

– Quem é o juiz que vai nos condenar?

– É aquele mesmo Salvador que, para não nos condenar à morte eterna, quis condenar-se a si mesmo e morreu. Não contente com isso, continua ainda no céu, junto do Pai, a procurar nossa salvação. Por isso escreve Santo Tomás de Vilanova: "Que você teme, pecador, se já detestou seus pecados? Como é possível condená-lo aquele que morreu para o salvar? Se você volta a seus pés, como o rejeitará aquele que veio do céu para procurá-lo quando você fugia dele?"[7].

Se por causa de nossa fraqueza, temos medo de cair sob os ataques de nossos inimigos, contra os quais devemos combater, eis o que devemos fazer: "Corramos com perseverança para o combate que nos é proposto, com os olhos fixos naquele que é o autor e realizador da fé, Jesus, que em vez da alegria que lhe foi proposta, abraçou a cruz desprezando a vergonha"[8]. Combatamos com coragem, contemplando Jesus Crucificado que de sua cruz nos oferece sua ajuda, a vitória, a coroa. Caímos no passado porque deixamos de olhar para as chagas e as ignomínias sofridas pelo nosso Redentor e, assim, não recorremos a ele pedindo ajuda. Mas se para o futuro pusermos diante dos olhos o quanto sofreu por nosso amor e como está pronto a nos ajudar se a ele recorrermos, não seremos certamente vencidos pelos nossos inimigos. Dizia Santa Teresa: "Não entendo aqueles que falam com medo do demônio, quando podiam dizer 'Deus, ó Deus' e fazê-lo tremer"[9]. E continua a mesma santa: "Se nós não colocamos toda a nossa confiança

[7] S. Tomás de Vilanova, Archiep. Valentinus, Ord. Erem. S. Agustini, Canciones, t. 1: in dom. I Adventus, conc. 5, n. 13.

[8] Hb 12,1-2.

[9] Sta. Teresa, Libro de la vida, c. 25, Obras I, Burgos 1915.

em Deus, pouco ou nada nos servirão nossos esforços. Todos os esforços pouco valem, se não deixarmos de confiar em nós para confiar somente em Deus"[10].

Mistérios de esperança

Que mistérios de esperança e de amor são para nós a paixão de Jesus Cristo e o Sacramento da Eucaristia! Mistérios que, se a fé não nos garantisse, quem poderia acreditar? Um Deus Onipotente fazer-se homem, derramar todo o seu sangue e morrer de dor em uma cruz!

– Para quê?

– Para pagar a dívida de nossos pecados e salvar-nos, a nós, miseráveis rebeldes. E depois, para se unir mais estreitamente a nós, Ele quis dar-nos em alimento seu próprio corpo, um dia sacrificado por nós na cruz. Como estes dois mistérios deveriam incendiar de amor todos os corações dos homens! Que pecador, por pior que seja, arrependido do mal que fez, poderá desesperar do perdão, vendo um Deus assim apaixonado pelos homens e inclinado à misericórdia? Por isso dizia São Boaventura: "Agirei com confiança esperando com firmeza, pois nada do necessário para a salvação me será negado por aquele que tanto fez e sofreu para me salvar"[11].

São Paulo nos exorta: "Aproximemo-nos com confiança do trono da graça a fim de conseguir misericórdia e alcançar a graça de uma ajuda oportuna"[12]. O trono da graça é a cruz, onde Jesus se assenta para distribuir graças e misericórdia a quem recorre a Ele. Mas é preciso recorrer logo, para encontrarmos o auxílio oportuno

---

[10] Sta. Teresa, Libro de la vida, c. 8, Obras I.

[11] S. Boaventura, de triplici via, c. 2, § 2, n. 3. Opera VIII, ad Claras Aquas, 1898, p. 8, col. 2 – cf. § 5, n. 12, p. 11, col. 2.

[12] Hb 4,16.

para nossa salvação. Virá depois talvez o tempo em que não poderemos mais encontrá-lo! Abracemos, pois, logo a cruz de Cristo, com grande confiança! Não nos desanimem nossas misérias: em Jesus Cristo Crucificado encontraremos para nós toda a riqueza, toda a graça. "Nele recebestes todos os dons... nenhum dom vos falta."[13]

Os merecimentos de Cristo nos tornaram ricos de todos os tesouros divinos e fizeram-nos capazes de toda a graça que desejamos.

É preciso pedir

Diz São Leão: "O bem que Jesus alcançou com sua morte é maior que o dano causado pelo demônio com o pecado"[14]. Isso se explica com o que disse São Paulo, que o dom da Redenção foi maior que o pecado, a graça superou o pecado: "Mas, com o dom gratuito não se dá o mesmo que com o pecado... onde houve muito pecado, superabundou a graça"[15]. Por isso é que o Salvador nos ensinou a esperar todo favor e toda a graça de seus merecimentos. Eis como nos ensinou o modo de conseguir de seu Eterno Pai tudo quanto quisermos: "Em verdade, em verdade vos digo, se pedirdes alguma coisa em meu nome a meu Pai, Ele vos dará"[16]. Pedi a meu Pai em meu nome tudo o que desejardes e eu vos prometo que sereis atendidos. Como poderá o Pai negar-nos alguma graça, se nos deu seu Filho Unigênito que ama tanto como a si mesmo? "Entregou-o por todos nós; como não nos concederá com Ele todas as coisas?"[17]

---

[13] 1Cor 1,5-7.

[14] S. Leão Magno, Sermo 73 (al. 71), de Ascensione Domini primus.

[15] Rm 5,15.20.

[16] Jo 16,25.

[17] Rm 8,32.

São Paulo diz "todas as coisas", portanto nenhuma graça é excluída: nem o perdão, nem a perseverança, nem o santo amor, nem a perfeição, nem o paraíso. Tudo, tudo nos deu. Mas é preciso pedir-lhe. Deus é todo liberal com quem lhe pede: "é rico para todos que o invocam"[18].

Quero ainda acrescentar aqui outros sentimentos que São João de Ávila escreve em suas cartas sobre a grande confiança que devemos ter nos merecimentos de Cristo[19]:

Os merecimentos de Cristo nos tornam ricos de todos os tesouros divinos e fizeram-nos capazes de toda a graça que desejamos.

– "Não vos esqueçais de que entre o Pai Eterno e nós, Jesus Cristo é o mediador e por Ele somos amados e ligados com laços de amor tão fortes que nada os pode desatar, se o homem não os cortar com algum pecado mortal. O sangue de Cristo clama pedindo misericórdia por nós, clama de tal modo que não se ouve o rumor de nossos pecados. A morte de Cristo fez morrer nossas culpas: "Ó morte, eu serei a tua morte."[20] Aqueles que se perdem, não se perdem por falta de salvação, mas por não quererem aproveitar da salvação dada por Jesus Cristo por meio dos sacramentos.

Jesus rezou por nós

Cristo tomou sobre si o problema de nossa salvação como se fosse seu. Por isso, tomou nossos pecados como seus, embora Ele não os tenha cometido; por eles pediu perdão. Pediu com amor profundo, como se pedisse por si pró-

---

[18] Rm 10,12.

[19] S. João de Ávila, Lettere spirituali, Roma. 1669, p. 2, lettera 2. Estas cartas correspondem aos números: 11, 12, 13, 14, 15.

[20] Os 13,14.

prio, para que todos que quisessem achegar-se a Ele, fossem também amados. Foi atendido como pediu. Deus impôs que Jesus Cristo e nós vivêssemos em profunda unidade. Uma vez unidos com Ele, com Ele somos amados ou somos odiados. Visto que Jesus Cristo não é nem pode ser odiado, igualmente nós, se estamos unidos a Ele pelo amor, somos amados. Por ser Ele amado por Deus, somos amados também nós. Jesus Cristo consegue fazer mais para nos tornar queridos de Deus do que nós conseguimos fazer para nos tornarmos odiados por Ele! O Eterno Pai tem muito mais amor por seu Filho Jesus, do que rancor pelos pecadores!

Jesus disse ao Pai: "Pai, quero que onde eu estou, estejam comigo aqueles que vós me destes"[21]. O amor maior venceu o ódio menor. Assim fomos perdoados e amados; estamos seguros de não sermos jamais abandonados, já que existe um laço tão forte de amor! "Pode uma mãe esquecer-se de seu filho? Pode não ter carinho pelo fruto de suas entranhas? E mesmo que ela o esqueça, eu não te esqueceria nunca. Eis que estás gravado na palma de minhas mãos."[22] Ele nos gravou em suas mãos com seu próprio sangue. Portanto, não devemos nos perturbar com coisa alguma. Tudo vem por disposição daquelas mãos que foram cravadas na cruz em testemunho do amor que nos tem.

Nada pode nos atemorizar tanto, quanto Jesus Cristo nos pode tranquilizar. Cerquem-me os pecados, aflijam-me os temores do futuro, preparem-me os demônios suas armadilhas; não posso deixar de confiar se peço a misericórdia de Cristo, todo bondade, que me amou até a morte. Vejo-me tanto e de tal maneira amado por um Deus que se entregou por mim!

---

[21] Jo 17,24.
[22] Is 49,15.

Meu Jesus, porto seguro daqueles que recorrem a vós na tempestade. Pastor vigilante, engana-se quem não confia em vós, quando se quer emendar. Por isso dissestes: Sou eu, não tenham medo. Sou eu que trago a tribulação e o consolo. Coloco, às vezes, alguém nos sofrimentos que parecem um inferno, mas depois eu o tiro deles e o conforto. Eu sou seu advogado e tomei sua causa como minha causa. Sou seu fiador, vim pagar suas dívidas. Eu sou seu Senhor que os comprei com meu sangue, não para os abandonar, mas para os enriquecer, tendo-os resgatado por um preço tão grande!

Como fugirei de quem me procura se eu busquei até os que vinham a mim para me ultrajar? Não desviei o rosto de quem me batia e poderia desviá-lo de quem me quer adorar? Como podem meus filhos duvidar que eu os amo, vendo-me entregue por amor deles nas mãos de meus inimigos? Quando desprezei a quem me amou? Quando abandonei a quem procurou socorro? Eu procuro até os que não me procuram!

"Se creem que o Pai Eterno lhes deu seu Filho, creiam também que lhes dará o resto, porque todo o resto vale muito menos que o Filho de Deus. Não pensem que Jesus Cristo se esqueceu de vocês, Ele lhes deixou a maior garantia que tinha, em memória de seu amor: Ele mesmo no Sacramento da Eucaristia."

ORAÇÃO

Meu Jesus, que esperança me dá vossa paixão! Por que ter medo de não receber o perdão de meus pecados, o paraíso e todas as graças necessárias de um Deus Poderoso que me deu todo o seu sangue? Jesus, minha esperança e meu amor, para não me perderdes, quisestes perder a vida!

Eu vos amo sobre todos os bens, meu Deus e meu Redentor. Vós vos destes todo a mim, eu vos dou toda a minha vontade e quero vos dizer: eu vos amo! Quero sempre repetir "eu vos amo". Assim quero sempre dizer durante a vida e assim quero morrer, dando o último suspiro com estas palavras nos lábios: meu Deus, eu vos amo. A começar daquele momento, o amor contínuo para convosco durará eternamente sem nunca mais cessar de vos amar. Eu vos amo e porque vos amo, arrependo-me de todo o coração de vos ter ofendido. Como sou miserável! Para não perder um rápido prazer, tantas vezes eu quis vos perder, vós que sois o bem infinito! Este pensamento me atormenta mais do que qualquer outro sofrimento. Mas consola-me a lembrança de que sois a bondade sem-fim, não sabeis desprezar um coração que vos quer bem. Pudesse eu morrer por vós que morrestes por mim! Meu Redentor, eu espero seguramente de vós a salvação eterna na outra vida, e nesta vida espero a santa perseverança em vosso amor. Por isso faço o propósito de sempre a pedir. Pelos merecimentos de vossa morte, dai-me a perseverança em sempre a pedir.

Também peço e espero de vós esta graça, Maria, minha mãe e rainha!

CAPÍTULO IV

QUANTO DEVEMOS AMAR A JESUS CRISTO

Jesus Cristo, sendo Deus, merece todo o nosso amor. Ele nos amou de tal modo que nos colocou, por assim dizer, na necessidade de amá-lo ao menos por gratidão por tudo que fez e padeceu por nós. Muito nos amou para muito ser amado por nós[1]. É isso que Moisés declarava a seu povo: "E agora, ó Israel, o que te pede o Senhor, senão que temas o Senhor Deus... e o ames? Por isso o primeiro mandamento que nos deu foi este: "Amarás o Senhor, teu Deus, com todo o teu coração"[2].

Diz São Paulo: "O amor é o pleno cumprimento da Lei"[3]. O cumprimento da Lei de Deus é o amor. Mas quem poderia deixar de amar um Deus crucificado, que morre por nosso amor? Os espinhos, os pregos, a cruz, as chagas, o sangue de Cristo clamam por nosso amor! Querem que amemos aquele que muito nos amou. Um coração é pouco para amar um Deus que nos ama tanto. Para retribuir o amor de Jesus Cristo, seria preciso que um outro Deus morresse por seu amor. São Francisco de Sales exclamava: "Por que não nos lançamos sobre Jesus crucificado para morrer na cruz com Ele, Ele que desejou morrer por nós?"[4]. São Paulo nos lembra que Jesus Cristo quis morrer por todos nós, para que não

---

[1] S. Bernardo, In Cantica, sermo 83, n. 4. ML 133-1083.

[2] Dt 10,12; 6,5.

[3] Rm 13,10.

[4] S. Francisco de Sales, Traité de l'amour de Dieu, 1. 7, c. 8.

vivamos mais para nós, mas somente para Deus! "Ele morreu por todos, a fim de que os que vivem já não vivam para si, mas para aquele que por eles morreu."[5]

Não vos esqueçais!

Aqui vem, a propósito, a recomendação: "Não esqueças os benefícios daquele que se responsabiliza por ti, pois Ele deu a vida por ti"[6]. Não te esqueças do teu fiador, que para satisfazer teus pecados, quis pagar com sua morte a pena que mereces! Quanto agrada a Jesus Cristo a recordação frequente de sua Paixão!

Quanto sente se dela nos esquecemos! Se alguém sofre ofensas, maus-tratos e prisão por seu amigo, fica muito triste ao saber que o amigo não se lembra nem quer que se fale desse assunto. Ao contrário, quanto lhe agradaria saber que o amigo sempre fala disso com ternura e gratidão! Assim Jesus Cristo fica muito contente que nos recordemos com reconhecimento de amor de suas dores e da morte que sofreu por nós.

Antes de sua vinda à terra, Jesus Cristo era muito desejado pelos antigos patriarcas e por todos os povos. Agora Ele deve ser mais ainda nosso único desejo e nosso único amor, pois, sabemos que Ele veio até nós, sabemos o que Ele fez e padeceu por nós até morrer na cruz por nosso amor.

Por isso Jesus instituiu o sacramento da Eucaristia na véspera de sua morte, recomendando que nos recordássemos de sua morte cada vez que nos alimentássemos de seu corpo: "Tomai e comei, fazei isto em minha memória... Cada

---

[5] 2Cor 5,15.
[6] Eclo 29,20.

vez que comerdes deste pão... recordareis a lembrança da morte do Senhor"[7]. A Santa Igreja repete o mesmo em suas preces: "Deus, que neste admirável mistério nos deixastes a lembrança de vossa Paixão..." Há também um canto que diz: "Ó Banquete sagrado, em que recebemos Jesus Cristo e onde se renova a lembrança da sua Paixão"[8]. Percebemos, então, o quanto agrada a Jesus Cristo quem medita sempre em sua Paixão. De propósito, Ele deixou seu corpo e sangue no sacramento da Eucaristia para que tivéssemos contínua e grata memória do que sofreu por nós, e assim crescesse sempre em nós o amor para com Ele. São Francisco de Sales chamou o Calvário de "Montanha dos que amam"[9]. Não é possível pensar no Calvário, sem amar a Jesus Cristo, que lá quis morrer por nosso amor.

E por que os homens não amam este Deus que fez tanto para ser amado por eles? Antes da Encarnação do Verbo, o homem podia duvidar se Deus o amava com verdadeiro amor. Mas depois da vinda do Filho de Deus, e depois que Ele morreu por amor dos homens, como poderíamos ainda duvidar? Santo Tomás de Vilanova diz: "Olha aquela cruz, aqueles sofrimentos, aquela morte cruel de Jesus por ti. Após tantas e tão grandes provas de amor não podes duvidar que Ele te ama e te ama muito"[10]. E São Bernardo diz que da cruz e das chagas de nosso Redentor sai um grito para nos fazer entender o amor que Ele nos tem[11].

---

[7] 1Cor 11,24-26.

[8] Antigo Ofício de Corpus Christi, ant. do Magnificat.

[9] S. Francisco de Sales, Traité de l'amour de Dieu, 1. 12, c. 13.

[10] S. Tomás de Vilanova, In Dominicam XVII post Pentec., concio 3, n. 7.

[11] S. Bernardo, In Cantica, sermo 61, n. 4. ML 183-1072.

Neste grande mistério da redenção dos homens, é preciso considerar o desejo e o cuidado que teve Jesus Cristo em achar diversos modos de ser amado por nós. Se Ele queria morrer para nos salvar, bastava-lhe morrer junto com os outros meninos mortos por Herodes. Mas não, antes de morrer, Ele quis passar durante trinta e três anos uma vida cheia de trabalhos e sofrimentos. Durante essa vida, quis manifestar-se de tantas formas diversas para atrair nosso amor. Apareceu primeiro como pobre criancinha em uma estrebaria de animais. Depois como simples operário em uma oficina e finalmente como um condenado sobre a cruz. Antes de morrer na cruz, quis ainda passar por circunstâncias comovedoras para nos fazer amá-lo.

Quis que o víssemos agonizante no horto das Oliveiras todo banhado de suor de sangue, depois diante de Pilatos, todo machucado por açoites. Depois gozam dele como se fosse um rei de teatro, trazendo na mão uma cana, um trapo de cores vivas sobre os ombros, e uma coroa de espinhos na cabeça. Arrastado à morte pela rua com a cruz sobre os ombros, foi finalmente pregado na cruz, no Monte Calvário. Merece ou não merece ser amado um Deus que quis sofrer tantas dores e empregar tantos meios para atrair nosso amor? Dizia o Padre João Rigoleu: "Eu não farei outra coisa senão chorar de amor por um Deus que foi levado por amor a morrer pela salvação dos homens"[12].

Diz São Bernardo: "Grande coisa é o amor"[13]. Grande e preciosa coisa é o amor! Salomão, falando da sabedoria divina, que não é outra coisa senão a caridade, chamou-a de

[12] Vie du P. Jean Rigoleu, S.J., Lyon, 1739, 4.ª ed., p. 62.

[13] S. Bernardo, In Cantica, sermo 83, n. 4, 5. ML 183-1083, 1084.

tesouro infinito, porque quem tem a caridade torna-se participante da amizade de Deus[14].

Diz Santo Tomás que a caridade é a rainha das virtudes; onde reina a caridade, aí aparecem todas as outras virtudes, como um cortejo, encaminhando todas a unir-nos mais a Deus[15]. Mas, como diz São Bernardo, propriamente é a caridade a virtude que nos une com Deus[16].

De fato, lemos muitas vezes na Bíblia que Deus ama os que o amam: "Amo os que me amam... Se alguém me ama, meu Pai o amará e nós viremos a Ele e nele faremos nossa morada. Quem permanece no amor permanece em Deus e Deus nele"[17]. Eis a bela união que opera a caridade: une a alma a Deus! Além disso, o amor nos dá força para fazer e sofrer grandes coisas por Deus. "O amor é forte como a morte."[18]

Escreve Santo Agostinho: "Não há coisa tão difícil que a força do amor não supere; por isso naquilo que se ama, ou não se sente o cansaço ou o próprio cansaço é amado"[19].

Frutos da caridade

Eis o que São João Crisóstomo diz dos frutos gerados em uma pessoa que possui o amor de Deus: "Quando o Amor de Deus se apodera de uma pessoa, produz nela um insaciável

[14] Sb 7,14.
[15] Summa Theol. 1-2, q. 62, De virtutibus theol., a. 4, c.; 2-2, q. 23, a. 6, 7, 8.
[16] S. Bernardo, In Cantica, sermo 71, n. 8. ML 183-1125: sermo 8, n. 9. ML 183-814.
[17] Pr 8,17; Jo 14,23; 1Jo 4,16.
[18] Ct 8,6.
[19] Sto. Agostinho, De moribus Ecclesiae et de moribus Manichaeorum, 1. duo, 1. I, c. 22, n. 40 e 41. ML 32-1328, 1329; De bono viduitatis liber, c. 21, n. 26. ML 40-448.

desejo de trabalhar pela pessoa amada; tanto que, por muitas e grandes que sejam as obras que faça, e por mais longo que seja o tempo dedicado a seu serviço, tudo lhe parece nada. Sempre se aflige por fazer pouco para Deus, e se lhe fosse lícito morrer e consumir-se inteiramente por Ele, de bom grado o faria. Por isso, por mais que faça, sempre se considera inútil. O amor ensina à pessoa o que Deus merece, e na claridade desta luz divina vê todos os defeitos de suas ações, de tudo tira confusão e sofrimento, reconhecendo que todos os seus trabalhos são bem pouca coisa para um Senhor tão grande"[20].

Diz São Francisco de Sales: "Como se engana a pessoa que faz consistir a santidade em outras coisas e não em amar a Deus! Uns põem a santidade na austeridade ou em dar esmolas, outros na oração ou frequência dos sacramentos. Para mim, não conheço outra santidade senão a de amar a Deus de todo o coração; todas as outras virtudes sem este amor não passam de um montão de pedras. E se não possuímos esse amor, a culpa é nossa, pois não nos decidimos a nos dar inteiramente a Deus"[21].

Santa Teresa sentiu em sua alma, certa vez, como se Jesus lhe dissesse: "Tudo o que não me agrada, é vaidade"[22]. Como seria bom que todos entendessem esta verdade: "Uma só coisa é necessária"[23]. Não é necessário ser rico neste mundo, ganhar a estima dos outros, levar vida cômoda, ter dignidades, passar por sábio. A única coisa necessária é amar a Deus e fazer sua vontade. Só para este fim Ele nos criou e

---

[20] S. João Crisóstomo, In Genesim, hom. 55, n. 2, 3. MG 54-482; hom. 34, n. 5 e 6: MG 53-319, 320, 321.

[21] Esprit de S. François de Sales, I. re partie, c. 25; 7. me partie, c. 4; Introdução à Vida Devota, 1.ª p., c. 1.

[22] Sta. Teresa, Libro de la Vida, c. 40, Obras, I, Burgos, 1915.

[23] Lc 10,42.

nos conserva a vida; somente assim podemos ser admitidos no céu. A toda a alma que deseja ser sua esposa, o Senhor diz: "Coloca-me como um selo sobre teu coração, como um selo sobre teus braços..."[24] para que dirijas a mim todos os teus desejos e ações; sobre teu coração a fim de que não entre em ti outro amor senão o meu, sobre teu braço para que não tenhas em vista senão a mim em tudo que fazes. Como corre rapidamente na perfeição quem só olha Jesus Crucificado em todas suas ações e só a Ele procura agradar!

O fim de todos os nossos esforços deve ser, portanto, adquirir um verdadeiro amor a Jesus Cristo. Os mestres da vida espiritual descrevem os sinais do verdadeiro amor:

– É TEMEROSO, e seu medo é dar desgosto a Deus.

– É GENEROSO, cheio de confiança em Deus, tudo faz para a sua glória.

– É FORTE, pois resiste a todas as más inclinações mesmo nas mais violentas tentações, e nos mais profundos sofrimentos.

– É OBEDIENTE, porque procura seguir imediatamente a voz de Deus.

– É PURO, amando somente a Deus e só porque Deus merece ser amado.

– É ARDENTE, porque desejaria inflamar todos os corações, vendo-os consumidos pelo amor de Deus.

– É ARREBATADOR, pois arrasta a alma e a faz viver como que fora de si mesma, como se não visse, não ouvisse e não tivesse mais os sentidos para as coisas da terra. Atenta em só amar a Deus.

– É UNITIVO, unindo estreitamente a vontade da criatura à vontade de seu Criador.

---

[24] Ct 8,6.

– É DESEJOSO, porque enche a alma do desejo de deixar a terra para unir-se perfeitamente a Deus no Paraíso, a fim de amá-lo com todas as suas forças.

Mas ninguém ensina melhor as características e a prática da caridade do que o grande pregador desta rainha das virtudes, São Paulo. Ele diz primeiramente que sem a caridade o homem é nada, e de nada se aproveita: "Ainda que eu tivesse toda a fé a ponto de transportar montanhas, se não tiver caridade, não sou nada. Ainda que eu distribuísse todos os meus bens em sustento dos pobres, ainda que entregasse meu corpo para ser queimado, se não tiver caridade, de nada valeria"[25].

Assim, se alguém tivesse uma fé tão grande ao ponto de deslocar as montanhas, como se conta de São Gregório Taumaturgo, mas não tivesse a caridade, nada lhe valeria. Se distribuísse todos os seus bens aos pobres, se sofresse voluntariamente o martírio, mas sem a caridade, isto é, por uma outra finalidade que não a de agradar a Deus, tudo isso nada lhe valeria. Por isso, São Paulo nos indica os sinais da verdadeira caridade, e ao mesmo tempo nos ensina a prática das virtudes que são filhas da caridade:

"A caridade é paciente, é bondosa.

A caridade não tem inveja, não se ostenta, não se enche de orgulho, não é ambiciosa e não busca seus próprios interesses. Não se irrita, não guarda rancor, nem se alegra com a injustiça, mas se regozija com a verdade. Tudo desculpa, tudo crê, tudo espera, tudo suporta."[26]

---

[25] 1Cor 13,2-3.

[26] 1Cor 13,4-7.

Vamos considerar, neste livro, estas características da caridade para ver se realmente temos verdadeiro amor a Jesus Cristo. Isto nos fará compreender as virtudes em que devemos nos exercitar para conservar e aumentar em nós esse santo amor.

ORAÇÃO

Ó bom e amável Coração de Jesus, como é infeliz o coração que não vos ama! Morrestes na cruz por amor dos homens, sem nenhum alívio. Como podem os homens viver sem pensar em vós? Ó amor de Deus! Ó ingratidão humana! Ó homens, olhai o Cordeiro de Deus inocente, que agoniza e morre na cruz por vós, para aplacar a justiça divina pelos vossos pecados e assim vos atrair a seu amor. Vede como Ele pede a seu Pai Celeste para que vos perdoe. Vede e amai-o!

Meu Jesus, são tão poucos os que vos amam! Infeliz de mim, passei tantos anos sem pensar em vós e vos ofendi tantas vezes.

Meu amado Redentor, fazei-me chorar não tanto pelos castigos que mereci, mas pelo amor que me tendes. Dores, humilhações, chagas e morte de Jesus, amor de Jesus, fixai-vos em meu coração. Viva sempre em mim a vossa lembrança, fira-me continuamente e me abrase de amor! Amo-vos, meu Jesus, meu sumo bem. Amo-vos, meu amor, meu tudo! Amo-vos e quero vos amar sempre. Não permitais que vos abandone e vos perca jamais. Fazei que eu seja todo vosso; fazei-o pelos merecimentos de vossa morte na qual tenho firme confiança.

Maria, eu confio muito em vossa intercessão. Minha Rainha, fazei que eu ame a Jesus Cristo e também a vós, minha mãe e minha esperança!

CAPÍTULO V

A ALMA QUE AMA A JESUS CRISTO, AMA O SOFRIMENTO

"A caridade é paciente." A terra é um lugar de merecimentos, e por isso é também um lugar de sofrimentos. O céu é nossa pátria, lá Deus nos preparou o repouso em uma eterna felicidade. Passamos pouco tempo neste mundo, mas neste pouco tempo temos muitas dores a sofrer. "O homem, nascido de mulher, vive pouco tempo e é cheio de muitas misérias."[1] É preciso sofrer e todos têm de sofrer; seja justo ou pecador, cada um deve carregar sua cruz. Quem a carrega com paciência, salva-se; quem a carrega com impaciência, perde-se. As mesmas misérias, diz Santo Agostinho, levam alguns para o céu, e outros para o inferno[2]. Com a prova do sofrimento se distingue a palha do trigo, na Igreja de Deus: quem se humilha nos sofrimentos e se submete à vontade de Deus é trigo destinado ao céu; quem é soberbo e fica impaciente, a ponto de voltar as costas para Deus, é palha que é destinada ao inferno[3].

No dia do julgamento de nossa salvação, nossa vida deverá ser igual à vida de Jesus Cristo, para merecermos o Paraíso: "Porque os que anteriormente Ele conheceu, esses também predestinou a serem conformes à imagem de seu Filho"[4].

---

[1] Jó 14,1.

[2] Sto. Agostinho, Sermo 52, n. 4. ML 39-1845.

[3] Sto. Agostinho. De civitate Dei, 1. 1, c. 8, n. 2 – ML 41-21; Sermo 252, c. 5, n. 5 – ML 38-1174, 1175.

[4] Rm 8,29.

O Verbo Eterno desceu à terra para nos ensinar, com seu exemplo, a carregar com paciência as cruzes que Deus nos manda: "Cristo sofreu por vós, deixando-vos um exemplo, a fim de que sigais seus passos"[5]. Jesus Cristo quis sofrer para nos encorajar no sofrimento. Qual foi a vida de Jesus Cristo? Foi uma vida de humilhações e sofrimentos: "Desprezado, último dos homens, homem das dores!"[6] Sim, a vida de Jesus Cristo foi toda cheia de trabalhos e dores.

O amor no sofrimento

Como Deus tratou seu Filho predileto, do mesmo modo trata a todos aqueles que Ele ama e recebe como filhos: "O Senhor castiga os que ama e aflige todo aquele que recebe como filho"[7]. Santa Teresa diz que sentiu em sua alma como se Deus lhe falasse: "Fica sabendo que as pessoas mais queridas de meu Pai são as que são mais afligidas com os maiores sofrimentos!" Por essa razão, quando ela se via nos sofrimentos, dizia que não os trocaria por todos os tesouros do mundo. Conta-se que depois de sua morte ela apareceu a uma de suas companheiras e lhe revelou que recebera um grande prêmio no céu. Tinha recebido esse prêmio, não tanto por suas boas obras, como pelos sofrimentos suportados em sua vida, de boa vontade e por amor a Deus. E se desejasse por algum motivo voltar à terra, seria unicamente para poder ainda sofrer mais alguma coisa por Deus[8].

---

[5] 1Pd 2,21.
[6] Is 53,3.
[7] Hb 12,6.
[8] Sta. Teresa, Mercedes de Dios, c. XXXVI, Obras, II, 64, 65; Conceptos del amor de Dios, c. 6, depois do começo, Obras, V, Burgos 1917; Obras, II, append. 57.

Quem ama a Deus nos sofrimentos recebe dupla recompensa no céu. São Vicente de Paulo afirmava que se deve considerar como grande desgraça nesta vida o não ter nada a sofrer; e acrescentava que uma Congregação Religiosa ou uma pessoa que não sofre e a quem todos aplaudem, está próxima de uma queda[9]. Quando São Francisco de Assis passava um dia sem nada sofrer por Deus, temia que Deus tivesse se esquecido dele[10].

Escreve São João Crisóstomo: Quando o Senhor concede a alguém a graça de sofrer, faz-lhe um bem maior do que se lhe desse o poder de ressuscitar os mortos. Isto porque o homem que faz milagres se torna devedor a Deus, mas no sofrimento Deus se torna devedor ao homem. Quem padece alguma coisa por Deus, se não tivesse outra graça senão a de poder sofrer por amor a Deus, já deveria considerar-se muito recompensado. Por isso, dizia ele, admirava mais a graça dada a São Paulo de ser preso por Jesus Cristo, do que ser arrebatado ao terceiro céu[11].

A paciência na dor

"A paciência produz uma obra perfeita."[12] Isso quer dizer que não existe coisa mais agradável a Deus do que sofrer com paciência e paz todas as cruzes por Ele enviadas. É próprio do amor, fazer a pessoa que ama semelhante à pessoa amada. Dizia São Francisco de Sales: "Todas as chagas do

[9] Abelly; Vie, Ed. 1881, 1. 3, c. 22.
[10] Bartolomeu de Pisa, De conformitate vitae. Mediolani 1513, f. 28, col. 2.
[11] In Epist. ad Philip., hom. 4, n. 3: MG 62-208, 209; In Epist. ad Ephes., hom. 8, n. 1: MG 62-55, 56, 57; Ad pop. Antioch., hom. 16, n. 3: MG 49-164, 165.
[12] Tg 1,4.

Redentor são outras tantas palavras que nos ensinam como devemos sofrer por Ele. Esta é a sabedoria dos santos, sofrer constantemente por Jesus; assim ficaremos logo santos"[13]. Quem ama o Salvador deseja ser como Ele, pobre, sofredor e desprezado. São João viu todos os santos vestidos de branco, segurando palmas nas mãos[14]. A palma é o símbolo do martírio; mas nem todos os santos foram martirizados. Por que então todos seguram palmas?

Responde São Gregório que todos os santos foram mártires ou pela espada ou pela paciência. E acrescenta: "Nós podemos ser mártires sem a espada, se guardarmos a paciência"[15].

O mérito de uma pessoa que ama Jesus Cristo consiste em amar e sofrer. Eis o que Deus fez Santa Teresa entender: "Pensa, minha filha, que o mérito consiste no gozar? Não, o mérito consiste em sofrer e amar. Veja minha vida cheia de dores. Acredite, minha filha, aquele que é mais amado por meu Pai recebe dele cruzes maiores; ao sofrimento corresponde o amor. Veja estas minhas chagas, suas dores nunca chegarão a tanto. Pensar que meu Pai admite alguém em sua amizade sem o sofrimento é um absurdo... Mas acrescenta Santa Teresa: "Deus não manda nenhum sofrimento sem pagá-lo imediatamente com algum favor"[16].

São três as principais graças que Jesus faz às pessoas amadas por Ele: a primeira, não pecar; a segunda, que é maior, o fazer boas obras; a terceira, que é a maior de todas, sofrer por

---

[13] S. Francisco de Sales-Gallizia, Vita, 1.6, c. 2 (in fine): Massime e detti spirituali, Massime per gli ecclesiastici, n. 5.

[14] Ap 7,9.

[15] S. Gregorio, Homiliae XL in Evangelia, 1. 2, hom. 35, n. 7: ML 76-1263.

[16] Sta. Teresa, Mercedes de Dios, XXXVI, Obras, II, Burgos 1915; Camino de perfección, c. 18, Obras, III; Libro de la vida, c. 11, Obras, I, 77.

seu amor[17]. Dizia Santa Teresa que quando alguém faz algum bem a Deus, o Senhor lhe paga com alguma cruz[18]. Eis por que os santos agradeciam a Deus ao receberem os sofrimentos.

São Luís, Rei da França, falando da escravidão que sofreu na Turquia, diz: "Eu me alegro e fico muito agradecido a Deus mais pela paciência que me concedeu em minha prisão do que se tivesse conquistado a terra inteira"[19]. Santa Isabel, rainha da Hungria, tendo perdido seu esposo, foi expulsa do lugar onde morava com seu filho. Sem abrigo e abandonada por todos, dirigiu-se a um convento dos franciscanos e mandou cantar um hino de ação de graças a Deus pelo favor que Ele lhe concedia ao fazê-la sofrer por seu amor[20].

A dor e o céu

Dizia São José Calazans: "Para ganhar o céu, todo sofrimento é pouco"[21]. E São Paulo: "Os sofrimentos do tempo presente não têm proporção com a glória que deverá se revelar em nós"[22]. Seria uma grande vantagem sofrer a vida inteira todos os tormentos sofridos pelos mártires, só para gozarmos um momento do céu. Com maior razão devemos então abraçar nossas cruzes, sabendo que os sofrimentos desta vida curta nos farão conquistar uma felicidade eterna. "Nossas tribulações do momento são leves e nos preparam um peso de glória eterna."[23]

---

[17] B. Batista Varani, Cimarelli, Croniche, Ed. L. Napoli 1680, t. 3, 1. 4, c. 24.
[18] Sta. Teresa, Las Fundaciones, c. 21, Obras, V, Burgos 1918, p. 309.
[19] Bollandisti, Acta sanctorum, 25 agosto, c. 2, n. 23.
[20] Wadding, Annales Minorum, anho 1927, n. 8.
[21] S. José Calazans, V. Talenti, Vita, 1. 6, c. 2, p. 481-2.
[22] Rm 8,18.
[23] 2Cor 4,17.

Santo Agapito, mocinho de poucos anos, quando foi ameaçado de morte, respondeu: "Que maior felicidade posso eu ter do que a de perder minha cabeça para vê-la depois coroada no céu?"[24]. São Francisco costumava sempre dizer: "O bem que espero é tão grande que todo sofrimento é prazer para mim"[25]. Para obter o paraíso é preciso lutar e sofrer. "Se sofremos com Cristo, com Ele reinaremos." Não pode haver prêmio sem merecimento, nem merecimento sem paciência. "Não recebe a coroa, senão aquele que lutou segundo as regras do jogo."[26] Terá maior coroa quem combate com maior paciência. Coisa admirável! Quando se trata dos bens temporais desta terra, os mundanos procuram conquistar o máximo de coisas possíveis. Quando se trata dos bens eternos, dizem que basta um cantinho no paraíso. Esse não foi o comportamento dos santos. Nesta vida contentaram-se com qualquer coisa e desapegaram-se dos bens terrenos. Tratando-se dos bens eternos, eles procuraram ganhar o mais possível. Agora eu lhes pergunto: quem age com mais sabedoria e prudência?

Falando desta vida, é certo que quem padece com mais paciência vive com mais paz. Dizia São Filipe Néri que neste mundo não há purgatório: ou é paraíso ou é um inferno. Os que suportam com paciência os sofrimentos desta vida gozam do paraíso. Quem assim não o faz, sofre o inferno![27] Sim, como escreve Santa Teresa, quem abraça as

---

[24] Bollandisti, Acta sanctorum. Acta S. Agapiti in 4, 18 agosto.

[25] Fioretti di S. Francesco, Delle sacrosante Istimate di S. Francesco, Considerazione I[a].

[26] 2Tm 2,12; 2,5.

[27] S. Felipe Neri, Bacci, Vita, 1. 2, c. 20, n. 20.

cruzes que Deus lhe manda não as sente[28]. São Francisco de Sales, achando-se uma vez cercado de sofrimentos, disse: "De algum tempo para cá as grandes tribulações e oposições que sinto me trazem uma paz tão grande e me predizem a união próxima e estável de minha alma com Deus; sinceramente falando, é a única ambição e o único desejo de meu coração"[29]. Na verdade, não há paz para aqueles que levam uma vida errada, mas só para quem vive unido com Deus e com sua santa vontade.

Um missionário religioso, nas Índias, assistia uma vez à execução de um condenado. Este, antes de morrer, chamou-o e lhe disse: "Sabe, padre, eu fui de sua Congregação Religiosa. Enquanto observava o regulamento de vida, eu era muito feliz. Mas desde que comecei a relaxar, achei tudo difícil e passei a me aborrecer com tudo. Abandonei a vida religiosa para me entregar aos vícios; eles finalmente me trouxeram a este fim desgraçado que agora o senhor está vendo. Digo--lhe isto para que meu exemplo possa servir a outros". Dizia o Padre Luís da Ponte: "Considere como amargas as coisas doces desta vida e como doces as amargas; assim terá sempre paz"[30]. Isso é verdade, porque os prazeres ainda que agradáveis à natureza, deixam sempre o amargor do remorso da consciência devido ao apego desordenado que, as mais das vezes, colocamos neles. Mas as amarguras desta vida, aceitas das mãos de Deus com resignação, tornam-se suaves e queridas às pessoas que amam o Senhor.

---

[28] S. Teresa, Conceptos del amor de Dios, c. 2, Obras, IV, Burgos 1917, p. 235, 236.

[29] S. Francisco Sales, Lettre 540, à la Baronne de Chantal, 14 juillet 1609. Oeuvres, t. 14, Annecy, 1906.

[30] Ven. Luís da Ponte, Alcuni avvisi salutari trovati nei manoscritti del P. da Ponte n. 4. Longaro degli Oddi, S.I., Vita (Roma, 1761), último capítulo.

Persuadamo-nos que neste vale de lágrimas não pode ter a verdadeira paz interior senão quem recebe e abraça com amor os sofrimentos, tendo em vista agradar a Deus. Essa é a condição a que estamos reduzidos em consequência da corrupção do pecado. A situação dos justos na terra é de sofrer amando. A situação dos santos no céu é de gozar amando. O padre Paulo Segneri Júnior, para animar a uma de suas penitentes nos sofrimentos, pediu-lhe que escrevesse aos pés do crucifixo estas palavras: "É assim que se ama"[31]. O sinal mais certo para saber se uma pessoa ama a Jesus Cristo é, não tanto o sofrer, mas o querer sofrer por amor dele. "Que vantagem maior, dizia Santa Teresa, poderá haver para alguém do que ter um sinal de estar sendo agradável a Deus?"[32] Mas a maior parte dos homens se espanta só com o ouvir falar as palavras cruz, humilhação, sofrimento! Muitas pessoas, porém, vivem no amor de Deus e encontram nos padecimentos sua felicidade. Ficariam desconsoladas se tivessem que viver sem sofrer. "Olhar Jesus Crucificado – dizia uma santa pessoa – torna-me a cruz tão amável que me parece impossível ser feliz sem sofrer. O amor de Jesus Cristo me basta." Nosso Salvador diz a quem o quer seguir: "Tome a sua cruz e siga-me"[33]. Mas é preciso tomá-la e carregá-la, não à força e com repugnância, mas com humildade, paciência e amor.

Quanto satisfaz a Deus quem, com paciência e humildade, abraça as cruzes que Ele lhe manda! Dizia Santo Inácio

---

[31] Gatuzzi, S.I., Vita del P. Paolo Segneri Jr., Roma, 1716, 1.4, c. 2.

[32] Sta. Teresa, Livro de la Vida, c. 10, Obras, I, 70.

[33] Lc 9,23.

de Loyola: "Não há árvore mais apropriada para produzir e conservar o amor a Deus do que a árvore da cruz"[34], isto é, amá-lo no meio dos sofrimentos.

Um dia, Santa Gertrudes perguntava o que poderia oferecer a Deus de mais agradável. Interiormente teve uma resposta do Senhor: "Minha filha, você não pode me fazer nada mais agradável do que suportar com paciência todos os sofrimentos que lhe aparecem na vida"[35]. Alguém já afirmava que vale mais um dia com sofrimentos do que cem anos com todos os outros exercícios espirituais[36]. O Beato João de Ávila dizia: "Vale mais um 'Bendito seja Deus' nos momentos difíceis do que mil ações de graças nos momentos felizes"[37]. Lamentável é que o valor dos sofrimentos suportados por amor a Deus não seja conhecido pelos homens. Dizia a Beata Ângela de Foligno que se conhecêssemos o valor dos sofrimentos, cada um procuraria roubar dos outros as ocasiões de padecer; os sofrimentos seriam objeto de roubo[38]. Por isso Santa Maria Madalena de Pazzi, conhecendo o valor dos sofrimentos, preferia que se prolongasse sua vida a morrer e ir logo para o céu. E explicava a razão: "no céu não se pode mais sofrer"[39].

---

[34] Sto. Inácio de Loyola, Bartoli, Vita 4, c. 37: Detti di S. Ignazio.

[35] Sta. Gertrudes, Legatus divinae pietatis. 1. 4, c. 15 (Ed. Solesmes, 1875).

[36] Ven. Vitória Angelini, G B. Pucichelli, Vita della Ven. Suor Maria Vittoria Angelini, romana, terciária da Ordem dos Servitas, p. 494, Lettera alla Badessa di Sant'Oreste.

[37] B. João Ávila, Lettere spirituali, Roma 1669, lettera 41, p. 208.

[38] B. Angela Fulginatis, Vita et Opuscola, Fulginiae, 1714. Liber secundus: Opuscola B. Angelae, pars tertia: De triplici virtute et de amore divino; c. 4: De via, conditione e signis amoris.

[39] Puccini, Vita, Firenze, 1611, p. 1, c. 47.

Uma pessoa que ama a Deus só tem intenção de unir-se inteiramente a Deus. Mas ouçamos o que dizia Santa Catarina de Gênova: "Para se chegar à união com Deus são necessárias as tribulações, porque o Senhor, por meio delas, procura destruir em nós as más inclinações interiores e exteriores. Por isso as injúrias, os desprezos, as doenças, o abandono dos parentes e amigos, as confusões, as tentações e todas as contrariedades nos são necessárias. Oferecem-nos ocasião de combatermos e vencermos em nós todos os movimentos desordenados, até que, de vitória em vitória, cheguemos a extingui-los e a não mais senti-los. Dessa forma, as contrariedades sofridas por amor a Deus já não nos parecerão desagradáveis, mas suaves. Sem isso, nunca chegaremos à união com Deus"[40].

Portanto, uma pessoa que deseja ser toda de Deus deve estar resolvida, como escreveu São João da Cruz, a procurar nesta vida não os prazeres, mas a acolher com amor os sofrimentos do dia a dia[41], abraçando logo todas as mortificações, principalmente quando aparecem contra nossa vontade. Essas são as mais agradáveis a Deus.

"Mais vale o homem paciente do que o corajoso."[42] Quem se mortifica com jejuns, sacrifícios, penitências, agrada sem dúvida a Deus pela coragem que emprega nestas mortificações; mais lhe agrada, porém, quem é forte em sofrer com paciência e alegria as cruzes que Deus lhe manda. Dizia São Francisco de Sales: "As mortificações que nos vêm

[40] Sta. Catarina de Gênova, Cattaneo Marabotto e Ettore Vernazza, Vita, c. 29.
[41] S. João da Cruz, Opere, Milano 1928, v. I, Salita del Monte Carmelo, 1. 2, c. 6, n. 3, 4,5.
[42] Pr 16,32.

de Deus ou dos homens, por permissão divina, são sempre mais preciosas do que aquelas que são filhas de nossa vontade. Como regra geral, o que tem menos de nossa escolha, é o mais agradável a Deus, e proveitoso para nossa alma"[43]. Também Santa Teresa dizia: "Ganhamos mais em um só dia de sofrimento vindo de Deus ou do próximo do que em dez anos de padecimentos que nós mesmos escolhemos"[44]. Santa Maria Madalena de Pazzi dizia generosamente não existir no mundo um sofrimento que não estivesse pronta a suportar com alegria, sabendo que vinha de Deus. E de fato, nas grandes provações que ela sofreu durante cinco anos, bastava-lhe recordar-se ser vontade de Deus que assim sofresse, para voltar à calma[45]. Para conquistar Deus, esse grande tesouro, todo o nosso esforço é pouco. Dizia o Padre Hipólito Durazzo: "Custe Deus quanto custar, nunca será caro demais"[46].

Peçamos ao Senhor que nos faça dignos de seu santo amor. Se o amamos perfeitamente, todos os bens da terra parecerão fumaça e lodo; as humilhações e sofrimentos tornar-se-ão alegrias para nós. Eis como fala São João Crisóstomo de uma pessoa que se deu sem reservas a Deus: "Chegando alguém ao perfeito amor de Deus, é como se ele se achasse sozinho na terra. Não fez caso da glória nem da humilhação; não liga para as tentações e sofrimentos; encontra um outro sentido e sabor em todas as coisas. Não encontrando apoio nem descanso em coisa alguma, busca continuamente aquele a quem ama sem se cansar. Assim, quando come ou quando trabalha, quando está acordado ou quando dorme, em todas

[43] S. Francisco de Sales, Oeuvres, Annecy 1895, v. VI, ap, II. D. p. 447-8.
[44] Sta. Teresa, Camino de perfeccion, c. 36, Obras, III, p. 175.
[45] Puccini, Vita, Padova. 1671, c. 83.
[46] P. Hipólito Durazzo – Tom. Campora, S.I. Vita, 1. 2, c. 12.

as palavras e ações, todo o seu pensamento e todo o seu esforço é encontrar o seu amado, porque tem seu coração onde está seu tesouro"[47].

Neste capítulo falamos da paciência em geral. No capítulo XIV trataremos de vários casos particulares em que devemos especialmente exercê-la.

ORAÇÃO

Ó Jesus, meu tesouro e meu amor, pelas ofensas que vos fiz eu não mereceria mais poder vos amar; mas, pelos vossos merecimentos, peço-vos que me façais digno de vosso puro amor. Amo-vos sobre todas as coisas e arrependo-me do fundo de meu coração de vos ter outrora desprezado e expulsado de minha alma. Agora eu vos amo mais do que a mim mesmo, eu vos amo com todo o meu coração. Bondade infinita, eu vos amo e outra coisa não desejo senão amar-vos perfeitamente; nada temo senão ver-me afastado de vosso santo amor.

Redentor meu, fazei-me conhecer o grande bem que sois e o amor que me tivestes para assim me obrigar a vos amar. Não permitais, meu Deus, que eu seja ingrato diante de tanta bondade. Chega de vos *ofender, não quero mais vos abandonar. Os anos que me restam de vida eu quero empregá-los em* vos *amar e agradar. Meu Jesus, meu amor, socorrei-me; ajudai um pecador que deseja vos amar e ser todo vosso.*

Ó Maria, minha esperança, o vosso Filho vos ouve, pedi-lhe por mim e obtende-me a graça de amá-lo perfeitamente.

[47] S. João Crisóstomo, In Ioannem. hom. 88 (al. 87) n. 3. MG 59-476; In Epist. ad Rom., hom. 9 n. 4: MG 60.474; In Genesim, c. 99, hom. 28, n. 3 e 6: MG 53-256, 259, 260; Expositio in PS. 41, n. 5. MG 55-163.

CAPÍTULO VI

QUEM AMA A JESUS CRISTO, AMA A MANSIDÃO

"A caridade é benigna." O espírito de mansidão é próprio de Deus. "Meu espírito é mais doce do que o mel."[1] A pessoa que ama a Deus, ama a todos os que são amados por Deus, isto é, todos os homens. Por isso, procura sempre socorrer, consolar, contentar a todos na medida do possível. Eis o que diz São Francisco de Sales, mestre e modelo da mansidão: "A humilde mansidão é a virtude das virtudes que Deus tanto nos recomendou. É necessário praticá-la sempre e em toda parte". Dá-nos ainda a seguinte regra: "Quando vedes alguma coisa que se pode fazer com amor, fazei-o; o que não se pode fazer sem discussões, deixai-o"[2]. Isso se refere ao que podemos deixar sem ofender a Deus, porque, quando existe ofensa a Deus, esta deve ser impedida sempre e depressa por aquele que é obrigado a impedi-la.

A mansidão deve ser praticada especialmente com os pobres, os quais normalmente, por causa de sua pobreza, são tratados asperamente pelos homens. Deve-se ainda usar da mansidão particularmente com os doentes que se encontram aflitos e, as mais das vezes, recebem pouco cuidado dos outros. Devemos exercer a mansidão principalmente com os

---

[1] Eclo 24,27.

[2] S. Francisco de Sales, Lettre 1539, Julho-outubro 1619, à Madame de Villesavin, Oeuvres, XVIII, 417; Lettre 1254,10 de novembre 1616, à Madame Grillet de Monthoux. Oeuvres, XVII, 305, 306.

inimigos. É preciso "vencer o mal com o bem"[3], isto é, o ódio com o amor, a perseguição com a mansidão. Assim fizeram os santos e por esse meio conseguiram o afeto de seus maiores inimigos.

Diz São Francisco de Sales: "Não há nada que tanto edifique o próximo como a caridosa benignidade no trato"[4]. Ele tinha ordinariamente o sorriso nos lábios. Sua aparência, suas palavras, suas maneiras respiravam mansidão[5]. São Vicente de Paulo afirmava jamais ter conhecido um homem mais manso, parecendo-lhe ver a imagem viva da bondade de Jesus Cristo. Mesmo quando sua consciência o obrigava a negar alguma coisa, o santo mostrava tanta benevolência com as pessoas, que elas iam embora contentes, embora não tivessem obtido o que desejavam[6]. Era manso para com todos, com os superiores e com seus iguais, com seus inferiores, com as pessoas de casa e de fora[7]. Era bem diferente dos que, segundo sua expressão, parecem anjos na rua e demônios em casa[8]. No trato com seus empregados, não se queixava nunca de suas faltas; advertia-os apenas e sempre com bondade[9]. Coisa muito louvável em todos os superiores!

O superior deve usar de toda mansidão com seus súditos. Ao lhes impor alguma coisa, deve antes pedir que mandar.

---

[3] Rm 12,21.

[4] S. Francisco de Sales, Lettre 1223, à Mère de Bréchard, 22 de julho 1616, Oeuvres, XVII, 260.

[5] Sta. Joana de Chantai, Déposition pour la béatification et canonisation de S. François, a. 32 (Procès d'Annecy, 1627), Vie et Oeuvres, XVII, 260.

[6] Abelly, Vie, 1. 3, c. 12.

[7] Sta. Joana de Chantal, Déposition pour la béatification et canonisation de S. François, a. 27. Vie et Oeuvres de la Sainte, III, 130.

[8] S. Francisco de Sales, Introduction à la vie dévote, p. 3, c. 8.

[9] Camus (éd. abrégée Collet), p. 5, c. 10.

Dizia São Vicente de Paulo: "Para os superiores, não há melhor meio de se fazer obedecer do que a mansidão"[10]. "Experimentei todos os meios de governar – dizia Santa Joana de Chantal – e não encontrei nenhum melhor do que o modo bondoso e paciente."[11]

A bondade e a mansidão

O superior deve mostrar-se benigno mesmo nas repreensões que tem a fazer. Uma coisa é repreender com energia e outra repreender com aspereza. É preciso, às vezes, repreender com energia, quando a falta é grave, principalmente em caso de repetição da falta e depois de a pessoa ter sido avisada. Mas evitemos repreender com aspereza e com raiva; quem repreende com raiva faz mais mal do que bem. Esse é o zelo errado que São Tiago reprova. Há quem se glorie de dominar assim sua família ou comunidade, e pensa que é assim que se deve governar. São Tiago não pensa assim: "Se tendes um zelo amargo, não vos glorieis"[12].

Se em algum caso raro houvesse necessidade de dizer uma palavra áspera para que alguém percebesse a gravidade de seu erro, é preciso temperar a dureza, terminando com alguma palavra mais mansa. É preciso curar as feridas, a exemplo do bom samaritano, com vinho e óleo. São Francisco de Sales dizia: "Assim como o óleo fica boiando quando despejado num copo de água, assim em todos os nossos atos deve

---

[10] S. Vicente de Paulo, cf. Abelly, Vie, 1. 3, c. 24, s. 1.

[11] Mére de Chaugy, Mémoires sur la vie et les vertus de S. Jeanne de Chantal, p. 3, c. 19. Vie et Oeuvres de la Sainte, I, p. 466.

[12] Tg 3,14.

ficar por cima a bondade"[13]. Se a pessoa a ser repreendida está alterada, convém deixar a repreensão para outra hora e esperar que passe a raiva, caso contrário mais a irritaríamos. "Quando uma casa pega fogo não se deve jogar mais lenha na fogueira."[14]

"Não sabeis de que espíritos sois." Foi esta a resposta que Jesus deu a seus discípulos Tiago e João, quando eles queriam que fossem castigados os samaritanos, que os tinham expulsado de sua cidade:

– Que espírito é esse? Não é o meu! Meu espírito é de bondade e mansidão; "não vim para perder, mas para salvar as pessoas"[15] e estais querendo que eu as perca? Calai-vos e não me façais semelhantes pedidos, porque não é esse meu espírito!

De fato, com que mansidão tratou Jesus a mulher adúltera:

– "Mulher, ninguém te condenou? Nem eu te condenarei. Vai e não peques mais"[16].

Contentou-se apenas em admoestá-la a não mais pecar e a mandou em paz. Com quanta bondade procurou converter e converteu a samaritana. Começou pedindo-lhe água. Depois lhe disse:

– "Se soubesses quem é que te pede de beber!"

Em seguida revelou-lhe que era o Messias esperado. Com quanta bondade procurou converter o traidor Judas. Deixou que ele comesse com Ele no mesmo prato. Lavou-lhe os pés e o admoestou no momento da traição:

---

[13] S. Francisco de Sales, Introduction à la vie dévote, partie 3, c. 8.

[14] Surio, De probatis sanctorum historiis, 10 outubro, Vita S. Joannis (prior do monastério de Bridlington).

[15] Lc 9,55-56.

[16] Jo 8,10-11.

– "Judas, é com um beijo que me trais? Com um beijo trais o Filho do Homem?"

Como é que mais tarde converteu Pedro, depois de ter sido regenerado por Ele? "O Senhor voltou-se e olhou para Pedro."[17] Ao sair da casa do pontífice, sem censurar seu pecado, lançou sobre ele um olhar de ternura e o converteu.

E converteu de tal forma que Pedro durante toda a vida não deixou de chorar a grave ofensa que fizera a seu Mestre.

A força da mansidão

É certo, ganha-se mais sendo manso do que severo. Dizia São Francisco de Sales que não há nada mais amargo que a noz; mas quando bem preparada, torna-se doce e agradável. O mesmo se dá com as repreensões, embora sejam em si desagradáveis, contudo quando feitas com amor e bondade, são bem aceitas e produzem maior proveito[18].

São Vicente de Paulo dizia que, no governo de seu instituto, fizera apenas três repreensões severas, acreditando ter boas razões para agir assim. Mas depois sempre se arrependeu porque nenhuma surtira efeito, ao passo que as correções feitas com mansidão sempre tiveram bom resultado[19].

São Francisco de Sales, por sua mansidão, alcançava dos outros tudo o que desejava. Assim conseguiu levar para Deus os pecadores mais endurecidos[20]. A mesma coisa fazia São Vi-

---

[17] Lc 22,48-61.

[18] Camus, Esprit de S. François de Sales (éd. abrégée Collet), partie I, c. 3. Lettre 2090 (Fragments), c, à la Mère de Chantal, 1615-1617. Oeuvres, XXI, 176.

[19] Abelly, Vie, livre 3, c. 12.

[20] Camus, Esprit de S. François de Sales: partie 3, c. 11 e 21, partie 10, c. 2, 4, 5; partie 14, c. 13.

cente de Paulo que ensinava a seus missionários esta regra: "A afabilidade, o amor e a humildade têm uma força maravilhosa para ganhar os corações dos homens e levá-los a abraçar as coisas mais desagradáveis à natureza humana"[21]. Uma vez mandou um grande pecador a um de seus padres para que o convertesse. Mas o missionário, vendo inúteis todos os seus esforços, pediu ao santo que lhe dissesse alguma coisa. Ele o fez e o pecador se converteu. Este declarou depois que a singular bondade e extrema caridade do santo lhe ganharam o coração. Por isso o santo não admitia que seus missionários tratassem seus penitentes com dureza, e lhes dizia que o espírito infernal se serve do rigor de alguns para causar maior dano às almas[22].

É preciso praticar a benignidade com todos, em todas as circunstâncias e em todo o tempo. Adverte São Bernardo que alguns são mansos enquanto as coisas correm de acordo com sua vontade. Mas quando atingidos por alguma contrariedade ou dificuldade, logo se inflamam e começam a fumegar como um vulcão[23]. Pode-se chamá-los muito bem de carvões acesos escondidos debaixo de cinzas. Quem quer ser santo, deve ser nesta vida como o lírio entre espinhos. Embora nasça entre eles, não deixa de ser lírio, isto é, sempre igualmente suave e benigno! Quem ama a Deus conserva sempre a paz no coração e a deixa transparecer no rosto, apresentando-se sempre o mesmo, tanto nas dificuldades como na prosperidade: "As várias solicitações das criaturas não o perturbam na incessante luta da vida. Seu coração é como um santuário onde vive sempre em paz, unido a Deus"[24].

---

[21] Abelly, Vie, livre 3, c. 12.

[22] Acami, dell'Oratorio di Roma, Vita, Roma, 1677, 1. 1, c. 11.

[23] S. Bernardo, De adventu Domini, sermo 4, n. 5. ML 183-49.

[24] Petrucci Matteo, bispo de Jesi (1681), cardeal (1686). – Poesie sacre, morali e spirituali (Iesi, 1685), p. 143.

Conhecemos o espírito de uma pessoa nas horas difíceis. São Francisco de Sales amava com ternura a Ordem da Visitação que lhe custara tantos trabalhos. Muitas vezes, por causa das perseguições que sofria, viu-a em perigo. Conservou, porém, sempre a mesma paz, contente até mesmo em vê-la destruída, se essa fosse a vontade de Deus. Foi então que ele disse estas palavras: "De algum tempo para cá, as numerosas oposições e contradições que me têm acontecido me dão uma paz incomparável e muito suave. São sinais da união próxima de minha alma com Deus, e sinceramente, essa é a única ambição de meu coração"[25].

Quando nos acontece ter que responder a quem nos maltrata, tenhamos cuidado em responder sempre com mansidão. "Uma resposta branda aplaca o furor."[26] Uma resposta suave basta para apagar todo o fogo da raiva. Se nos sentimos aborrecidos, é melhor calar, porque nesse momento nos parece justo dizer o que nos vem na cabeça, mas depois, acalmada a paixão, veremos que todas as palavras que proferimos foram erradas.

Quando nos acontece cometer alguma falta, é preciso que usemos de mansidão para com nós mesmos; irritar-se contra nós mesmos, após uma falta, não é humildade, mas refinada soberba, como se nós não fôssemos fracas e miseráveis criaturas. Dizia Santa Teresa: "A humildade que inquieta nunca vem de Deus, mas do demônio"[27]. Zangar-se contra nós mesmos, após uma falta, é uma falta maior do que a cometida, e trará consigo mui-

---

[25] S. Francisco de Sales, Oeuvres, XIV, 177, 178.

[26] Pr 15,1.

[27] Sta. Teresa, Libro de la Vida, c. 30.

tas outras, pois nos fará deixar as práticas de piedade, a oração, a comunhão; e, se as fazemos, serão malfeitas. Dizia São Luís Gonzaga que não se enxerga na água turva e nela pesca o demônio[28]. Uma alma perturbada pouco conhece a Deus e aquilo que deve fazer. É preciso, portanto, quando caímos em alguma falta, voltarmo-nos para Deus com humildade e confiança e, pedindo-lhe perdão, dizer, como Santa Catarina de Gênova:

– Senhor, estas são as ervas de meu jardim![29]. Amo-vos de todo o coração e me arrependo de vos ter dado esse desgosto. Não quero mais fazê-lo, dai-me vosso auxílio.

ORAÇÃO

Felizes correntes, que ligais o homem a Deus, atai-me também e uni-me a Deus de maneira que não possa mais me separar de seu amor. Meu Jesus, eu vos amo; sim, eu vos amo, tesouro e vida de minha alma e a vós me prendo e entrego todo o meu ser. Não quero deixar, meu amado Senhor, de vos amar. Para apagar meus pecados, consentistes em ser preso como um criminoso e assim ser conduzido à morte pelas ruas de Jerusalém; quisestes ser pregado na cruz e de lá descer só depois de nela deixar a vida. Pelos méritos de tantos sofrimentos, não permitais que eu me separe de vós.

Arrependo-me de todo coração de ter me afastado de vós; com vossa graça estou resolvido a antes morrer do que vos tornar a ofender.

Meu Jesus, em vós me abandono, amo-vos de todo o coração, amo-vos mais do que a mim mesmo. Na vida passada

[28] S. Luís Gonzaga: Vita (Cepari), 2.ª parte, c. 7; c. 8.

[29] Sta. Catarina de Gênova, Vita (Marabotto e Vernazza, c. 16).

eu vos ofendi, mas agora eu me arrependo e quisera morrer de arrependimento. Eu vos peço, atraí-me todo a vós; renuncio a todas as consolações sensíveis, quero só a vós e nada mais. Fazei que vos ame, fazei de mim o que mais vos agradar.

Maria, minha esperança, uni-me a Jesus e fazei que eu passe minha vida unido a Ele, e unido com Ele morra, para assim chegar um dia ao céu, onde já não existirá o medo de me ver separado de seu santo amor!

CAPÍTULO VII

QUEM AMA A JESUS CRISTO NÃO TEM INVEJA DAS GRANDEZAS DO MUNDO

"A Caridade não é invejosa." Explicando esta qualidade da caridade, São Gregório diz que ela não é invejosa, porque não cobiça as grandezas terrenas. Não deseja estas grandezas, mas as deixa de lado[1].

É preciso distinguir duas espécies de inveja: uma é prejudicial e a outra é santa. Prejudicial é aquela que cobiça e se entristece com os bens do mundo possuídos por outros nesta terra. A inveja santa é aquela que não cobiça, mas ao contrário, tem compaixão dos ricos deste mundo vivendo entre honras e prazeres mundanos. Não procura nem deseja senão a Deus, nada pretende nesta vida senão amá-lo sempre mais; por isso inveja santamente quem o ama mais, querendo superar no amor até os próprios anjos.

Essa é a única finalidade que as almas santas procuram e assim, como que ferem e inflamam de amor o Coração de Deus, que lhe fazem dizer: "Feriste meu coração, minha querida esposa, feriste meu coração com um dos teus olhos"[2]. Este "um de teus olhos" significa o único fim que tem a pessoa em todos os seus atos e pensamentos: agradar a Deus. Os homens do mundo olham para as coisas com vários olhos, isto é, com diversos fins desordenados: agradar aos homens, conquistar honras, adquirir riquezas ou, ao menos, contentar a si próprios. Mas os santos têm somente

[1] S. Gregório Magno, Moralia in Job, 1. 10, c. 6 (al. 8).

[2] Ct 4,9.

um olhar para ver, em tudo quanto fazem, só a vontade de Deus. "Que tenho a desejar neste mundo e no outro fora de vós, meu Deus! Vós sois minha riqueza e o único Senhor de meu coração."[3] Dizia São Paulino: "Tenham os ricos suas riquezas e os reis seus reinos; vós, meu Jesus, sois meu tesouro e meu reino"[4].

Pureza de intenção

Observemos, portanto, que não basta fazer boas obras, mas é preciso fazê-las bem. Para que as nossas obras sejam boas e perfeitas é necessário fazê-las com pura intenção de agradar a Deus.

Este foi o grande louvor dirigido a Jesus Cristo: "Fez bem todas as coisas"[5]. Muitas ações, boas em si mesmas, pouco ou nada valerão junto de Deus, porque são feitas para outro fim e não para a glória divina. Dizia Santa Maria Madalena de Pazzi: "Deus remunera as nossas boas obras segundo a pureza de intenção"[6], quer dizer, quanto mais pura é a nossa intenção, tanto mais o Senhor aceita e recompensa as nossas obras. Mas como é difícil encontrar uma ação feita unicamente para Deus!

Conheci um velho e santo religioso que trabalhou muito para Deus e morreu como um santo[7]. Um dia, depois de

---

[3] Sl 72,25.

[4] S. Paulino de Nola, Epístola 38, ad Aprum, n. 6. ML 61-360.

[5] Mc 7,37.

[6] Vinc. Puccini, Vita, Firenze, 1611, p. 1, c. 58.

[7] Este religioso, falecido em conceito de santidade, é o Padre Francisco Margotta, membro da Congregação do Santíssimo Redentor fundada por Sto. Afonso. Francisco, doutorado em direito com dispensa de idade, advogado, depois prefeito da cidade, recusou terminantemente sua imposição e se tornou um sacerdote. Foi reitor do seminário diocesano de Conza, Vigário Geral da Diocese, e, aos 48 anos de idade, entrou para o noviciado da Congregação Redentorista, atraído pelo bom exemplo de Afonso e de seus companheiros. Foi grande amigo de São

olhar para sua vida passada, triste e muito preocupado, disse-me: "Pobre de mim! Examinando todas as ações de minha vida, não acho nenhuma que tenha feito só para Deus".

Maldito amor-próprio que faz perder todo ou em grande parte o fruto de nossas boas obras! Quantos há que, mesmo em seus trabalhos mais santos de pregador, confessor, missionário, cansam-se, sacrificam-se e pouco ou quase nada lucram com isso, porque não têm em vista unicamente a Deus, mas a glória mundana, o interesse, a vaidade de aparecer ou, ao menos, a própria inclinação!

"Guardai-vos de fazer vossas boas obras diante dos homens para serdes vistos por eles. Do contrário, não tereis recompensa junto de vosso Pai que está no céu." Quem age só para contentar seu próprio gosto, já recebe seu prêmio: "Em verdade vos digo, já receberam sua recompensa"[8], que se compara a um pouco de fumaça ou a uma satisfação que passa depressa e nenhum proveito deixa para a alma. Diz o profeta Ageu que quem trabalha para outro fim, que não o de agradar a Deus, guarda sua recompensa em um saco furado, onde nada achará quando for abri-lo[9]. Daí é que acontece que alguém fica todo inquieto se, após muitas fadigas, fracassa em seu empreendimento. Isso é sinal de que não teve em vista somente a glória de Deus. Quem pratica uma ação só pela glória de Deus, não se perturba, mesmo que não seja bem-sucedido. Tendo agido com reta intenção de agradar a Deus, já alcançou o fim que desejava.

Geraldo Majela. Na Congregação, desempenhou diversos cargos: reitor, missionário, mestre de noviços, consultor. No fim da vida foi duramente provado por Deus com sofrimentos espirituais, principalmente nos dois últimos anos.

[8] Mt 6,1.5.

[9] Ag 1,6.

Eis os sinais para se conhecer se uma pessoa que faz qualquer trabalho espiritual age só por Deus:

Primeiro: quem age só para Deus não se perturba em caso de fracasso, porque Deus não querendo, ele também não o quer.

Segundo: Alegra-se com o bem que outros fazem, como se ele mesmo o tivesse feito.

Terceiro: sem preferência para trabalhos, aceita de boa vontade o que a obediência lhe pede.

Quarto: tendo cumprido seu dever, não fica à espera de louvores nem aprovações dos outros. Por isso, não fica triste se o criticam ou o desaprovam, alegrando-se somente em ter contentado a Deus. Se, por acaso, recebe qualquer elogio do mundo, não se envaidece, mas afasta a vanglória dizendo-lhe: "Segue o teu caminho; chegaste tarde porque meu trabalho já está dado todo a Deus"[10].

Entrar na alegria do Senhor, participar da alegria de Deus é justamente isto segundo a promessa feita aos servos fiéis: "Servo bom e fiel, porque foste fiel nas pequenas coisas, entra na alegria do teu Senhor"[11]. Se temos a sorte de fazer alguma coisa que agrada a Deus o que mais queremos? [12] A maior graça, a maior felicidade que uma criatura pode desejar é dar gosto a seu Criador.

É precisamente isso que Jesus Cristo exige de uma pessoa que o ama: "Grave-me como um selo sobre seu coração e sobre seu braço"[13]; sobre seu coração, isto é, quando pensa em fazer

---

[10] B. João de Ávila, Lettere spirituali, Roma, 1669, parte 1, lettera.
[11] Mt 25,23.
[12] S. João Crisóstomo, De compunctione, 1.2, ad Stelechium, n. 6. MG 47-420.
[13] Ct 8,6.

alguma coisa, deseja fazê-la somente por amor de Deus. Sobre seu braço, isto é, quando realiza uma ação, faz tudo para dar gosto a Deus, de sorte que Deus seja sempre o único fim de todos os seus pensamentos e ações. Dizia Santa Teresa: Quem quiser chegar à santidade deve vir sem nenhum outro desejo senão o de agradar a Deus[14]. "Não existe preço com que se possa pagar qualquer coisa feita por Deus, por pequena que seja."[15] Com razão, porque tudo quanto se faz para agradar a Deus é um ato de caridade que nos une a Deus e nos obtém bens eternos.

A pureza de intenção é chamada a "alquimia celeste" que transforma o ferro em ouro, pois as ações mais comuns, como o trabalho, as refeições, o recreio, o repouso, feitas por amor a Deus, convertem-se em ouro de santo amor.

Santa Maria Madalena de Pazzi tinha por certo que vai direto para o céu, sem passar pelo purgatório, quem faz tudo com pura intenção[16].

Conta-se de um santo eremita que, antes de começar qualquer trabalho, parava um pouco e levantava os olhos ao céu. Perguntaram-lhe por que fazia assim e ele respondeu: "Procuro acertar o golpe"[17]. Queria dizer com isso que, assim como um caçador antes de disparar a arma faz pontaria para não errar o tiro, ele também, antes de fazer qualquer coisa, tomava como alvo a Deus a fim de que a ação fosse conforme a vontade de Deus. Assim nós devemos fazer também. Será bom, durante o trabalho, renovar de tempo em tempo a boa intenção de agradar a Deus.

---

[14] Sta. Teresa, Las Fundaciones, c. 5, Obras, V, 40, 41.

[15] Sta. Teresa, Las Fundaciones, c. 12. Obras, V, 97.

[16] Puccini, Vita (1671), c. 107.

[17] Saint-Jure, S.I., De la connaissance et de l'amour du Fils de Dieu Notre-Seigneur Jésus-Christ, 1. 3, c. 15, section 3.

Aqueles que em seus trabalhos procuram só a vontade de Deus, gozam daquela santa liberdade de espírito própria dos filhos de Deus; ela faz com que abracem tudo o que agrada a Jesus Cristo, apesar de qualquer repugnância do amor-próprio ou do respeito humano. O amor a Jesus Cristo dá às pessoas uma total indiferença, tornando-lhes tudo igual, tanto as coisas penosas como as suaves. Nada querem do que lhes traz prazer, mas ardentemente desejam o que agrada a Deus. Com a mesma paz procuram fazer tudo, coisas grandes ou pequenas, agradáveis ou desagradáveis; basta-lhes que agradem a Deus.

Muitos querem servir a Deus, mas conforme seu gosto, em tal emprego, em tal lugar, com tais companheiros, em tais circunstâncias. Se não for assim, ou deixam seus deveres ou agem de má vontade. Essas pessoas não têm a liberdade de espírito, mas são escravas de seu amor-próprio. Por isso, há pouco merecimento no que fazem. Vivem inquietas, enquanto o jugo de Jesus Cristo torna-se pesado para elas.

Aquelas pessoas que amam verdadeiramente a Jesus Cristo, só procuram fazer aquilo que lhe agrada e porque lhe agrada, quando, onde, como Jesus o quer. Pouco importa se Ele nos deseja em funções honrosas aos olhos dos homens ou em uma vida obscura e humilde. O que importa é amar a Jesus Cristo com puro amor; nisto devemos trabalhar, combatendo sempre os desejos do amor-próprio que gostaria de nos ver ocupados em obras honrosas e de acordo com nossas inclinações.

É preciso que estejamos desapegados de tudo, mesmo dos exercícios espirituais, quando o Senhor nos quer empregar em outra coisa de sua vontade. O padre Alvarez, achando-se, uma vez, muito ocupado, desejou desembaraçar-se para ir fazer suas orações, porque lhe parecia não estar unido com Deus naquele tempo de trabalho. Mas o Senhor o fez sentir interiormente: "Mesmo que eu não o tenha comigo, fique contente porque eu me sirvo de você"[18]. Aviso excelente para as pessoas que talvez se inquietam quando a obediência ou a caridade as obrigam a deixar as costumeiras práticas de piedade. Essa inquietação não vem certamente de Deus, mas ou do demônio ou do amor-próprio. Agradar a Deus e morrer, eis a primeira regra dos santos!

ORAÇÃO

Deus eterno, ofereço-vos todo o meu coração. Mas, meu Deus, que coração eu vos ofereço? Um coração criado para vos amar, mas que em vez de vos amar, tantas vezes se revoltou contra vós. Jesus, considerai que, se este coração vos resistiu no passado, ele está agora penetrado de dor e de arrependimento por vos haver desgostado. Sim, meu caro Redentor, arrependo-me de vos ter desprezado e estou resolvido a vos obedecer e a vos amar, custe o que custar. Atrai-me todo a vosso amor. Fazei-o por aquele amor que tivestes ao morrer por mim na cruz.

Amo-vos, meu Jesus, amo-vos com toda a minha alma, amo-vos mais do que a mim mesmo, verdadeiro e único amigo de minha alma, porque, fora de vós, não vejo ninguém que

[18] Ven. P. Lud. da Ponte, Vita, c. 2, § 1, c. 49.

quisesse sacrificar a vida por mim. Fazei-me chorar de dor diante de minha ingratidão para convosco. Pobre de mim, já estava perdido, mas espero que com a vossa graça me tenhais restituído a vida. De hoje em diante e para sempre, minha vida será esta: amar-vos sempre. Fazei que vos ame e nada mais vos peço.

Maria, minha mãe, aceitai-me como vosso servo e apresentai-me a Jesus, vosso divino filho.

CAPÍTULO VIII

QUEM AMA A JESUS CRISTO, FOGE DA TIBIEZA, AMA A PERFEIÇÃO E OS MEIOS DE ALCANÇÁ-LA

"A Caridade não é orgulhosa." (1Cor 13,4) São Gregório, ao explicar essa frase, diz que a caridade, que só se ocupa com o amor de Deus, rejeita tudo o que não é correto e santo[1]. A caridade é o laço que junta na alma as virtudes mais perfeitas: "Revesti-vos da caridade que é o vínculo da perfeição"[2]. A caridade ama a perfeição e por isso detesta a tibieza; algumas pessoas servem a Deus na tibieza com grande perigo de perder a caridade, a graça divina, a alma e tudo.

A tibieza

Há duas espécies de tibieza, uma inevitável, e outra evitável. A tibieza inevitável é aquela da qual nem os santos estão livres. Ela abrange todas as faltas cometidas sem plena deliberação, mas só pela nossa fragilidade humana: as distrações na oração, as perturbações interiores, as palavras inúteis, a vã curiosidade, o desejo de se mostrar, o gosto no comer e no beber, os movimentos de sensualidade não controlados prontamente, e tantos outros. Essas faltas, devemos evitá-las quanto pudermos; mas devido à fraqueza de nossa natureza humana, corrom-

[1] S. Gregório Magno, Moralia in Job, 1. 10, c. 6 (al. 8), n. 10.
[2] Cl 3,14.

pida pelo pecado, é impossível evitá-las todas. Devemos, sim, arrepender-nos quando fazemos estes pecados, pois desgostam a Deus, mas – conforme já falamos no capítulo anterior – não devemos nos perturbar por causa delas. Escreve São Francisco de Sales: "Todos os pensamentos que nos trazem inquietação não são de Deus, príncipe da paz, mas nascem sempre ou do demônio ou do amor-próprio ou da estima de nós mesmos"[3].

Portanto, é preciso afastar logo e não fazer caso desses pensamentos que nos inquietam. As faltas irrefletidas, feitas sem querer, também sem querer se apagam[4]. Basta para isso um ato de arrependimento ou um ato de amor. Certa monja beneditina fala de uma chama de fogo, na qual, se jogarmos palhas, tornam-se cinzas[5]. Com tal figura, ela queria explicar como um ato fervoroso de amor a Deus destrói todas as faltas em nossa alma. "Esse mesmo efeito produz a sagrada comunhão, chamada 'remédio' que nos preserva dos pecados de cada dia."[6] Essas faltas não deixam de ser faltas, mas não impedem nossa santificação, isto é, o caminhar para a perfeição; nesta vida ninguém chega à perfeição, antes de entrar no céu.

A tibieza evitável

A tibieza, que impede nossa santificação, é aquela que chamamos de evitável: cometer pecados veniais refletidos. Todos esses pecados cometidos de olhos abertos, bem que podemos evitá-los em nossa vida, com a graça de Deus.

---

[3] S. Francisco de Sales, Lettre 280, abril 1605, Oeuvres, XIII, Annecy, 1904.

[4] S. Francisco de Sales, Lettre 1382, Oeuvres, XVIII, Annecy, 1912.

[5] G. Turano, Vita... della Ven... Suor Maria Crocifissa della Concezione, O.S.B., nel Monastère di Palma, 1. 1, c. 10.

[6] Concílio de Trento, Sessio 13, Decretum de SS. Eucharistiae Sacramento, c. 2.

Por isso dizia Santa Teresa: "Que Deus vos livre dos pecados deliberados, por pequeno que seja!"[7]. Assim, por exemplo, as mentiras voluntárias, as pequenas murmurações, as imprecações, os ressentimentos, o caçoar do próximo, as palavras picantes, a vaidade, as antipatias nutridas no coração, a afeição desordenada a pessoas de outro sexo. Santa Teresa dizia: "Esses pecados são como vermes que não se deixam conhecer enquanto não roerem as virtudes em nós... Com as coisas pequenas o demônio vai abrindo buracos onde entram as coisas grandes"[8].

Por isso devemos recear cometer tais pecados deliberados. Por causa deles, Deus diminui as luzes mais claras no coração, seu socorro mais forte, e nos tira o consolo espiritual da alma. Por isso é que uma pessoa faz contrariada e com muito custo os atos de piedade. Depois começa a deixar a oração, a comunhão, as visitas a Jesus Eucaristia, as devoções; finalmente deixará tudo como já tem acontecido muitas vezes a tantas pessoas infelizes.

É o que significa aquela ameaça feita pelo Senhor às pessoas tíbias: "Não és frio nem quente, oxalá fosses frio ou quente! Porque és morno, nem frio nem quente, estou para te vomitar de minha boca"[9]. Notemos bem: "oxalá fosses frio!" Como? É melhor ser frio, isto é, despojado da graça de Deus do que ser desleixado? É verdade; de certo modo é melhor ser frio, porque quem é frio pode mais facilmente corrigir-se tocado pelo remorso da consciência. A pessoa tíbia espiritualmente acostuma-se a ficar dormindo em suas faltas,

---

[7] Sta. Teresa, Camino de perfección, c. 41. Obras, III, p. 198.

[8] Sta. Teresa, Moradas quintas, c. 3. Obras, IV, p. 87-8; Las Fundaciones, c. 29. Obras, V.

[9] Ap 3,15.

não pensa em seu mal, não pensa em se emendar, e assim sua cura torna-se quase desesperada. São Gregório escreve: "A tibieza, que deixou o fervor, cai no desespero"[10].

O Padre Luís da Ponte dizia que, em sua vida, tinha cometido muitas faltas, mas que nunca tinha feito as pazes com elas[11]. Algumas pessoas fazem as pazes com suas faltas. A ruína vem daí, principalmente quando a falta se junta com alguma paixão de apego a si mesmo, desejo de se mostrar, de ajuntar dinheiro, ódio ao próximo ou um, afeto desordenado a uma pessoa de outro sexo. Então há um grande perigo de que os cabelos dessa pessoa – como dizia São Francisco de Assis – tornem-se para elas laços que a arrastam para o inferno[12]. Pelo menos, ela não se tornará santa e perderá o prêmio para ela preparado por Deus, se tivesse sido fiel à graça. Um passarinho quando é solto do laço, logo voa livremente; a pessoa quando está livre de todo apego deste mundo, voa depressa para Deus. Mas, se estiver presa, qualquer pequeno fio bastará para impedi-la de caminhar para Deus. Quantas almas não se fazem santas, porque não se esforçam para se desprenderem de certas afeições passageiras!

Todo o mal vem do pouco amor que se tem a Jesus Cristo. Aqueles que estão cheios de si mesmo; os que se irritam com tudo que é contrário a seus caprichos; os tolerantes consigo mesmos por medo de perderem a saúde; aqueles que têm o coração aberto para as coisas externas e o espírito sempre distraído pela ânsia de ouvir e saber tanta coisa alheia ao serviço de

---

[10] S. Gregório, Regulae pastoralis liber, pars 3, c. 34 (al. 58), in fine. ML 77-119.

[11] Patrignani, Menologio di pie memorie d'alcuni Religiosi d.C.d.G., 16 de fevereiro 1624.

[12] S. Boaventura, Legenda S. Francisci, c. 5, n. 5. Opera, tom. 8, ad Claras Aquas 1898, p. 517. – Marcos de Lisboa, Croniche del P.S. Francesco, 1.1, c. 33.

Deus e que servem somente para contentar a própria vontade; os que se ressentem com a menor desatenção que julgam ter recebido de alguém, perturbam-se facilmente, deixam a oração e o recolhimento; ora muito devotos e alegres, ora tristes e impacientes, conforme as coisas acontecem de acordo ou contra sua vontade; todas essas pessoas não amam, ou amam muito pouco a Jesus Cristo e desacreditam a verdadeira piedade cristã.

Deixar a tibieza

O que deve fazer quem se encontra neste lastimável estado de tibieza? De fato, é uma coisa bem difícil que uma pessoa recupere a antiga piedade? O que não podem os homens, Deus pode muito bem: "O que é impossível aos homens, é possível a Deus"[13]. Quem reza e usa dos meios necessários alcançará tudo quanto deseja.

Os meios para deixar a tibieza e caminhar na perfeição são cinco: o desejo de perfeição, a decisão de alcançá-la, a meditação, a comunhão frequente, a oração.

Desejo de perfeição

O primeiro meio para deixar a tibieza é o desejo de perfeição. Os santos desejos são asas que nos fazem voar da terra. Por um lado, eles nos dão força para caminhar na perfeição, por outro lado, eles nos aliviam os sofrimentos da caminhada[14]. Quem deseja de verdade a perfeição nunca deixa de progredir nela e, se não

---

[13] Lc 18,27.

[14] S. Lourenço Justiniano, De disciplina et perfectione monasticae conversationis, c. 6. Opera, Lugduni, 1628, p. 90, col. 1 e 2.

ficar desanimado, vai consegui-la. Aquele, porém, que não a deseja, andará sempre para trás e se torna mais imperfeito do que no começo. Na caminhada para Deus, quem não avança sempre retrocede arrastado pela correnteza de nossa natureza corrompida[15].

É um grande erro dizer como alguns dizem: Deus não quer que todos sejam santos. "Esta é a vontade de Deus, a vossa santificação."[16] Deus quer todos santos, cada um em seu estado de vida: o religioso como religioso, o leigo como leigo, o sacerdote como sacerdote, o casado como casado, o negociante como negociante, o soldado como soldado, e assim em todos os estados de vida.

São belíssimos os testemunhos de Santa Teresa sobre isso: "Nossos pensamentos sejam grandes, porque deles nascem nosso bem... É preciso não diminuir nossos desejos, mas confiar em Deus; esforçando-nos, chegaremos pouco a pouco até onde os santos chegaram com a graça de Deus". Em confirmação, diz ela ter visto pessoas corajosas que em pouco tempo fizeram grande progresso espiritual. "Agradam ao Senhor tanto os desejos como se já fossem realizações... Deus não concede muitas graças importantes, senão para quem muito desejou seu amor... Deus não deixa de pagar qualquer bom desejo nesta vida, pois, Ele ama as almas generosas quando não confiam em si mesmas."

Santa Teresa tinha esse espírito generoso. Chegou, uma vez, a dizer ao Senhor que pouco lhe importaria ver no céu pessoas gozando maior felicidade do que ela; mas ver pessoas que o amassem mais do que ela não sabia como poderia suportar[17].

---

[15] Sto Agostinho, Pelágio, Epístola ad Demetriadem, c. 27, ML 33-1118.

[16] Ts 4,3.

[17] Sta. Teresa, Conceptos del amor de Dios, c. 2, Obras, IV, p. 231; Vida, c. 13, Obras, I, p. 91; Camino de perfectión, c. 34, Obras, III, p. 165-166; Libro de la Vida, c. 22, Obras, I, p. 174, c. 4, p. 25; Obras, II, Ap. 56, 4ª pergunta.

É preciso ter coragem. Diz Santa Teresa: "O Senhor é bom para aqueles que o procuram"[18], é extremamente bom e aberto para com as pessoas que o buscam de coração. Se desejamos ser santos de verdade, nem os pecados cometidos podem nos impedir. "O demônio faz tudo para nos parecer um orgulho ter grandes desejos e o querer imitar os santos; mas ajuda muito ter coragem para as coisas grandes. Mesmo que a alma não tenha logo a força, ela dá um voo generoso e avança muito."[19]

"Tudo concorre para o bem daqueles que amam a Deus."[20] Mesmo os pecados cometidos podem concorrer para nossa santificação, na medida em que sua lembrança nos faz mais humildes, mais agradecidos às graças que Deus nos deu, depois de tantas ofensas. O pecador deve dizer: nada posso, nada mereço, a não ser o inferno. Mas sirvo a um Deus de bondade infinita e Ele prometeu ouvir a todos que lhe pedem alguma coisa. Já que Ele me livrou da condenação e quer que eu me torne um santo oferecendo-me sua ajuda, então posso me tornar um santo, não com minhas forças, mas com a graça de Deus que me sustenta: "Tudo posso naquele que me conforta"[21].

Tendo os bons desejos, é preciso que tenhamos coragem e, confiantes em Deus, procuremos realizar esses desejos. Encontrando depois alguma dificuldade em sua realização, permaneçamos na vontade de Deus. A vontade de Deus deve estar acima de todos os nossos desejos. Santa Maria Madalena de Pazzi ficava mais contente privando-se de alguma coisa perfeita do que a possuindo sem a vontade de Deus[22].

---

[18] Concílio de Trento, Sessio III, 25.

[19] Sta. Teresa, Libro de la Vida, c. 13. Obras, I, p. 92.

[20] Rm 8,28.

[21] Fl 4,13.

[22] Puccini, Vita, Firenze 1611, parte 3.ª, segundo dia, p. 46-47.

O segundo meio para chegar à santificação é a decisão de dar-se todo a Deus. Chamados à perfeição, muitos sentem o desejo de obtê-la, movidos pela graça. Se depois, porém, não tomam uma decisão, vivem e morrem no lodo de sua vida tíbia e imperfeita. Não basta só o desejo de ser santo, se não juntamos a ele uma firme resolução de alcançá-lo. Quantas pessoas se alimentam só de desejos e nunca dão um passo nos caminhos de Deus. Estes são os desejos de que fala a Bíblia: "Os desejos do preguiçoso o matam"[23]. O preguiçoso deseja sempre e nunca se decide a empregar os meios próprios de seu estado de vida para se tornar santo. Por isso, costuma dizer: Oh! se eu morasse em um deserto e não nesta casa! Se eu estivesse vivendo em outro convento, eu me entregaria todo a Deus! E no entanto, não suporta um companheiro, não pode ouvir uma palavra que o contraria, dissipa-se com muitas coisas inúteis, cai em muitas faltas, pecados de gula, de curiosidades, de orgulho, e depois diz suspirando: Oh! Se eu tivesse. Oh! Se eu pudesse...

Tais desejos são mais prejudiciais do que úteis; alimenta-se deles e no entanto vive e continua a viver imperfeitamente. Dizia São Francisco de Sales: "Não concordo com uma pessoa que, ligada por uma obrigação ou por uma vocação, fique a desejar outro tipo de vida, fora daquele que é seu dever, os outros trabalhos que são incompatíveis com seu estado presente. Isso lhe dissipa o coração e a faz afrouxar em suas obrigações"[24].

---

[23] Pr 21,25.

[24] S. Francisco de Sales, Introduction à la vie dévote, partie 3, c. 37.

Portanto, é necessário desejar a perfeição e empregar com decisão os meios para alcançá-la. Escreve Santa Teresa: "Deus não quer de nós apenas uma resolução, para Ele depois fazer o resto. O demônio não tem medo das pessoas irresolutas"[25].

A meditação é útil para conhecer os meios que conduzem à santidade. Alguns fazem oração, mas nunca tiram conclusão alguma. Diz ainda Santa Teresa: "Prefiro oração de pouco tempo mas que produz grandes efeitos, a orações de muitos anos nos quais a pessoa não chega à resolução de fazer alguma coisa de valor por Deus... Sei por experiência que se alguém, desde o começo, toma a resolução de fazer alguma coisa por Deus, por difícil que seja, nada tem que temer"[26].

A primeira resolução deve ser esta, esforçar-se sempre e preferir morrer a cometer um pecado deliberado, por pequeno que seja. É verdade que nossos esforços, sem a ajuda de Deus, não bastam para vencermos as tentações. Deus, porém, quer que, de nossa parte, esforcemo-nos. Ele suprirá com sua graça, socorrerá nossa fraqueza e nos alcançará a vitória. Essa resolução nos torna possível caminhar para frente e ao mesmo tempo nos dará grande coragem, trazendo-nos a certeza da graça divina. Escreve São Francisco de Sales: "A maior segurança que podemos ter neste mundo de estar na graça de Deus, não consiste tanto nos sentimentos que temos de seu amor, mas no puro e irrevogável abandono de todo o nosso ser em suas mãos e na resolução firme de nunca mais consentir em algum pecado, nem grande nem pequeno"[27].

---

[25] Sta. Teresa, Las Fundaciones, c. 28; Camino de Perfeccion, c. 23.

[26] Sta. Teresa, Libro de la Vida, c. 39. Obras, I, 351, 352; c. 4, Obras I.

[27] S. Francisco de Sales, à Mère de Chantal, Lettre 2092 (1615-1621). Oeuvres, XXI, Annecy, 1923.

Nisso consiste a delicadeza de consciência. Note-se que uma coisa é ser delicado de consciência, e outra é ser escrupuloso. Ser delicado de consciência é uma necessidade para se tornar santo. Ser escrupuloso é um defeito e nos faz mal; devemos, por isso, obedecer ao diretor espiritual e vencer os escrúpulos, preocupações inúteis e sem razão.

Escolha do melhor

Em segundo lugar, é preciso escolher sem restrição aquilo que é o melhor, não só o que agrada a Deus, mas aquilo que lhe agrada mais. Diz São Francisco de Sales: "É preciso começar com uma grande e firme resolução de dar-se inteiramente a Deus, prometendo-lhe que queremos pertencer-lhe para sempre, sem nenhuma reserva. Depois, renovar muitas vezes essa mesma resolução"[28]. Santo André Avelino fez uma promessa de cada dia progredir sempre mais na perfeição[29]. Quem quer ser santo, não precisa fazer uma promessa, mas deve procurar cada dia dar alguns passos no caminho da santificação. Escreveu São Lourenço Justiniano: "Quando alguém caminha de verdade, sente em si mesmo um desejo contínuo de avançar mais. Quanto mais cresce na perfeição, tanto mais cresce nele esse desejo porque, aumentando a luz de Deus em sua alma, parece-lhe que não tem nenhuma virtude e não faz nenhum bem. Se, por acaso, praticou alguma coisa boa, ele a sente como muito imperfeita, não fazendo caso dela. Por isso é que se esforça continuamente em alcançar a perfeição, sem parar"[30].

---

[28] S. Francisco de Sales, Introduction à la vie dévote, 1. 12, c. 8.

[29] G.M. Magenis, Clér. Reg., Vita, Brescia 1739, 1. 1, c. 8, App. Storica.

[30] S. Lourenço Justiniano, De disciplina et perfectione monasticae conversationes, c. 6 e 24.

É necessário começar logo, não deixando para o dia seguinte. Quem nos garante que, mais tarde, teremos tempo? "Tudo que tua mão encontra para fazer, faze-o logo." O que podes fazer, não adies, "porque na região dos mortos para ondes vais, não há mais trabalho, nem ciência, nem inteligência, nem sabedoria"[31]. Na outra vida não há tempo para se praticar as boas ações nem motivos para merecimentos; lá não existe a sabedoria de fazer bem as coisas nem a ciência ou a experiência dos outros para a gente se aconselhar. Depois da morte, o que está feito, está feito!

Certa religiosa de um mosteiro de Roma levava uma vida muito tíbia. Padre Lancízio veio pregar os exercícios espirituais às religiosas e esta freira, apegada a sua vida espiritual relaxada, assistia aos exercícios de má vontade. A graça de Deus, porém, tocou-lhe a alma na primeira pregação. Dirigiu-se ao pregador e lhe disse com verdadeira resolução: "Padre, eu quero ser santa e logo". De fato, fez assim ajudada por Deus, porque viveu apenas oito meses e, nesse pouco tempo, viveu e morreu como uma santa[32].

"Agora começo," dizia Davi[33] e o mesmo costumava falar São Carlos Borromeu: "Hoje começo a servir a Deus."[34] É assim que devemos fazer, como se no passado não tivéssemos feito nenhum bem. Tudo o que fazemos por Deus é nada, pois apenas cumprimos um dever. Portanto, tomemos cada dia a resolução de sermos inteiramente de Deus. Não fiquemos a olhar o que os outros fazem ou como fazem. Pou-

---

[31] Eclo 9,10.

[32] Trata-se da Irmã Boaventura, mosteiro da Torre dos Espelhos – V.P. Nicola Lancisio, S.I., Opuscula spiritualia, Iugolstadt 1724, t. I, opusc. VI, c. 22.

[33] Sl 76,11.

[34] S. Carlos Borromeu – Giussano, Vita, 1. 8, c. 16.

cos são aqueles que se tornam santos de verdade. Diz São Bernardo: "Ninguém pode ser perfeito sem ser diferente"[35]. Se queremos imitar o comum dos homens, seremos sempre imperfeitos como em geral eles são. É preciso vencer tudo, renunciar a tudo, para conseguir Tudo, Deus. Dizia Santa Teresa: "Porque não resolvemos dar todo o nosso coração a Deus, também não nos é dado todo o seu amor"[36].

Como é pouco tudo aquilo que se faz por Jesus Cristo! "Ele deu seu sangue e sua vida por nós." Santa Teresa escreveu: "Tudo o que podemos fazer é nada em comparação a uma gota de sangue de Jesus, derramada por nós"[37]. Os santos não se poupam quando se trata de agradar a um Deus que se deu todo a nós, justamente para nos obrigar a não lhe negarmos nada. Escreveu São João Crisóstomo: "Tudo te deu, nada deixou para si"[38]. Já que Deus se deu todo a nós, não é justo que tenhamos reservas com Ele. "Ele morreu por todos, a fim de que os que vivem já não vivam para si, mas para aquele que por eles morreu."[39]

A meditação

O terceiro meio para se tornar santo é a meditação. Diz João Gerson que quem não medita as verdades eternas não pode, a não ser por milagre, viver como cristão[40]. A razão é

[35] Sto. Afonso atribui a S. Bernardo, mas esta passagem é de S. Boaventura, De informatione novitiorum, part. 2, c. 3.
[36] Sta. Teresa, Libro de la Vida, c. 11, Obras I, p. 76.
[37] Sta. Teresa, Libro de la Vida, c. 39, Obras I, p. 353.
[38] S. João Crisóstomo, In Mathaeum, hom. 25, n. 3. MG 57-331, 332.
[39] 2Cor 5,15.
[40] João Gerson, Tractatulus consolatorius de meditatione, Consideratio 7, Opera, t. 3, Antwerpiae, 1706, col. 451.

que, sem meditação, não há luz e se caminha na escuridão. As verdades da fé não se enxergam com os olhos do corpo, mas com os olhos da alma, quando nosso espírito as medita. Quem não faz meditação sobre as verdades eternas, não pode vê-las e por isso anda no escuro, facilmente se apega às coisas sensíveis e por causa delas despreza os bens eternos. Santa Teresa escreveu: "Embora pareça que não há imperfeições em nós, descobrimos grande número delas, quando Deus faz ver nosso íntimo, o que Ele costuma fazer na meditação"[41]. São Bernardo também escreveu: "Quem não medita, não julga com severidade a si mesmo, porque não se conhece. A oração controla nossos afetos e dirige nossos atos para Deus[42]"; mas, sem oração, os afetos de nossa alma se apegam à terra, nossas ações acompanham os afetos e assim tudo acaba em desordem.

É impressionante o que se lê na vida da venerável irmã Maria Crucifixa. "Quando rezava, como que ouviu um demônio gloriar-se de ter feito uma religiosa deixar a meditação. Em espírito viu que, após essa falta, o demônio tentava a religiosa a cometer uma falta grave e ela já estava para consentir. Correndo depressa, chamou-lhe atenção e livrou-a da queda."[43] Dizia Santa Teresa que quem deixa a meditação "em pouco tempo se torna um animal ou um demônio"[44].

Quem abandona a meditação, portanto, deixará de amar a Jesus Cristo. A meditação é a fornalha onde se acende e se conserva o fogo do amor a Deus.

---

[41] Sta. Teresa ao bispo de Osma, Obras, IX, p. 280.

[42] S. Bernardo, De consideratione ad Eugenium III, 1. 1, c. 2, n. 3 ML 182-730; idem, 1. 1, c. 7. ML 182-737.

[43] G. Turano, Vita della Ven. Suor Maria Crocifissa delia Concezione, O.S.B., 1. 2, c. 18.

[44] Sta. Teresa, Moradas primeras, c. I, Obras, IV, p. 10.

Santa Catarina de Bolonha dizia: "Quem não medita muito, fica sem o laço de união com Deus. Nessa situação não será difícil para o demônio, encontrando a pessoa fria no amor de Deus, levá-la a se alimentar com uma fruta envenenada"[45]. De outro lado, dizia Santa Teresa: "Quem persevera na meditação, mesmo que o demônio a tente de muitas maneiras, tenho certeza que o Senhor a levará ao porto da salvação... Quem não para no caminho da meditação, chegará ainda que tarde"[46]. O demônio se esforça muito em afastar a pessoa da meditação porque "ele sabe que as pessoas perseverantes na oração estão perdidas para ele"[47].

Quantos bens se conseguem na meditação! Dela nascem os bons pensamentos, manifestam-se nossos piedosos afetos, desenvolvem-se os grandes desejos, tomam-se as resoluções firmes de se dar inteiramente a Deus. Dessa maneira, a pessoa lhe sacrifica os prazeres terrenos e todos os desejos desordenados. Dizia São Luís Gonzaga:

"Não existirá muita perfeição, se não existir muita meditação."[48] Reparem bem nesta frase as pessoas que amam a perfeição!

As consolações espirituais

Não se deve rezar para sentir a consolação do amor de Deus. Quem reza com esta finalidade, perderá seu tempo ou tirará pouco proveito. Devemos rezar somente para agradar a Deus, isto é, para conhecer o que Deus quer de nós e lhe pedir

---

[45] G. Grassetti, S.I., Vita, 1. 3, c. 2 – Sta. Catarina de Bolonha.
[46] Sta. Teresa, Libro de la Vida, c. 8, Obras, I, p. 56; c. 19,1, p. 143.
[47] Sta. Teresa, Libro de la Vida, c. 19, Obras, I, p. 139.
[48] Cepari, Vita, 1. 2, c. 7 – S. Luís Gonzaga.

sua ajuda para cumprir sua vontade. "Carregar a cruz sem consolações faz a alma voar até a perfeição."[49] A oração sem consolações sensíveis torna-se mais frutuosa para a alma. Pobre pessoa que deixa a oração só porque não sente gosto nela! Dizia Santa Teresa: "Quem deixa a oração, é como jogar-se no inferno por si mesmo, sem necessidade dos demônios"[50].

Nasce da oração a gente sempre pensar em Deus. Dizia Santa Teresa: "Quem ama de verdade, sempre se lembra da pessoa a quem ama"[51]. Esta é a causa porque as pessoas piedosas falam sempre de Deus, sabendo o quanto agrada a Deus falar dele e de seu amor por nós. É também assim que procuram comunicar aos outros aquele mesmo amor que invade seus corações.

Dizia ainda Santa Teresa:

"Nas conversas dos filhos de Deus sempre está presente Jesus Cristo, agradando-lhe muito que se alegrem nele."[52]

Da oração nasce ainda o desejo de se retirar à solidão para ficar a sós com Deus, e o desejo de conservar o recolhimento interior nas ocupações externas e necessárias. Disse "ocupações necessárias", isto é, seja por causa da direção da família, seja por causa dos próprios deveres, ou dos trabalhos exigidos pela obediência. Mesmo assim, as pessoas de oração devem amar a solidão e não se dissipar em ocupações extravagantes e inúteis; do contrário, perderão o espírito de recolhimento, este grande meio de manter a união com Deus:

---

[49] Lodovico Sabatini d'Anfora, de' PP.OO., Vita del Padre D. Antônio de Torres, da Congr. dos Pios Operários, Napoli, 1732, 1.4, c. 1, p. 290-291.

[50] Sta. Teresa, Libro de la Vida, c. 19, Obras, I, p. 139.

[51] Sta. Teresa, Fundaciones, c. 5, Obras, V., p. 45.

[52] Sta. Teresa, Libro de la Vida, c. 34, Obras, I, p. 290-292.

"És um jardim fechado, minha irmã, minha esposa"[53]. Nossa alma, esposa de Jesus Cristo, deve ser um jardim fechado a todas as criaturas, não admitindo outros pensamentos e ocupações que não sejam de Deus ou para Deus. Os corações dissipados não se tornam santos.

Os santos que se dedicam a conquistar pessoas para Deus não perdem o recolhimento mesmo entre as canseiras da pregação, do ouvir confissões, do reconciliar os inimigos, do assistir os doentes. O mesmo acontece com aqueles que se dedicam ao estudo. Quantos estudam muito e se esforçam para se tornar sábios e acabam não se tornando nem sábios nem santos. A verdadeira sabedoria é a sabedoria dos santos: saber amar a Jesus Cristo. O amor de Deus traz consigo a ciência e todos os bens: "Com ela me vieram todos os bens,"[54] isto é, com a caridade.

São João Berchmans tinha uma paixão extraordinária pelo estudo, mas, com sua virtude, não deixou que os estudos dificultassem seu crescimento espiritual[55]. Diz São Paulo: "Digo a todos que estão entre vós, que não saibam mais do que convém saber, mas que saibam com sobriedade..."[56]. O estudo é exigido e indispensável, principalmente aos sacerdotes, porque devem ensinar aos outros a Lei de Deus: "Os lábios dos sacerdotes guardam a ciência e é de sua boca que se espera a doutrina..."[57]. É preciso que saiba, mas com sobriedade. Quem deixa a oração por causa do estudo não busca Deus, mas a si mesmo. Quem procura a Deus, larga o estudo oportunamente para não deixar a oração.

---

[53] Ct 4,12.
[54] Sb 7,11.
[55] Bart. Povius, Vita, 1. 7, § 6 – S. João Berchmans.
[56] Rm 12,3.
[57] Ml 2,7.

O maior mal, além disso, é que sem meditação não se reza. Em outras obras espirituais já falei da necessidade de rezar, especialmente em um livrinho à parte, intitulado: "A Oração, o Grande Meio". Neste capítulo direi rapidamente mais alguma coisa.

Basta lembrar aqui as palavras do bispo de Osma, João Palafox: "Como podemos conservar a caridade, se Deus não nos dá a perseverança? Como o Senhor nos dará a perseverança, se não a pedimos? Como a pediremos sem oração? Sem oração não existe comunicação com Deus, para se manter a vida cristã"[58]. De fato, quem não faz meditação enxerga pouco as necessidades de sua alma, não conhece bem os perigos a que se expõe para se salvar, nem os meios que deve usar para vencer as tentações. Assim, conhecendo pouco a necessidade da oração, deixará de rezar e certamente se perderá.

Quanto ao que meditar, não há assunto mais útil do que as verdades da vida: a morte, o julgamento, o inferno e o céu. Devemos meditar especialmente na morte, imaginando estarmos para morrer em uma cama, com o crucifixo nas mãos e próximos a entrar na eternidade. Mas, principalmente para quem ama a Jesus Cristo e deseja crescer em seu santo amor, não existe meditação mais útil do que a paixão do Redentor. "O Calvário é a montanha das pessoas que amam."[59] Quem ama a Jesus Cristo sempre faz sua meditação sobre esta montanha, onde não se respira outro ar senão o amor de Deus.

---

[58] Sta. Teresa, Lettere con le Annotazioni di Mgr. Gio. de Palafox y Mendonza, (Venezia, 17-39): Lettera 8, a D. Afonso Velasques. Annotaz. 10.

[59] S. Francisco de Sales, Traité de l´amour de Dieu, 1. 12, c. 13.

Vendo um Deus que morre por nosso amor e porque nos ama – "amou-nos e se entregou por nós"[60] – é impossível não o amar intensamente. Das chagas de Jesus Crucificado saem continuamente flechas de amor que ferem os corações mais duros. Feliz aquele que faz continuamente nesta vida sua meditação sobre o monte Calvário! Montanha feliz, amável, querida, quem se afastará de ti? Desprendendo fogo, abrasas as pessoas que moram permanentemente sobre ti!

A eucaristia

O quarto meio para se chegar à perfeição e perseverar na graça de Deus é a comunhão frequente. Sobre ela já falamos no capítulo segundo, no qual dizíamos que não se pode fazer nada mais agradável a Jesus Cristo do que recebê-lo muitas vezes na Eucaristia. Dizia Santa Teresa: "Não há melhor meio para se chegar à perfeição do que a comunhão frequente. Oh, como o Senhor a vai aperfeiçoando de um modo admirável!" Falando de uma maneira geral, as pessoas que comungam com mais frequência geralmente são mais avançadas na perfeição. Nos mosteiros onde se frequenta mais a comunhão, ali existe mais amor[61]. Eis por que os Santos Padres louvaram e incentivaram a comunhão frequente e até diária[62]. A comunhão, como fala o Concílio de Trento, liberta-nos das faltas diárias, protege--nos dos pecados mortais[63]. São Bernardo diz que a comunhão reprime os movimentos de ira e sensualidade, as duas paixões

---

[60] Ef 5,2.

[61] Sta. Teresa, Camino de Perfección, c. 34. Obras. III. p. 161, 166.

[62] Concílio de Trento, Decreto de Inocêncio XII (1679), Fontes Juris Cononici, vol. V, n. 2848.

[63] Concílio de Trento, Sess. 12, c. 2.

que mais fortemente e mais vezes nos assaltam[64]. A comunhão destrói as tentações do demônio[65], dá-nos uma grande inclinação para as virtudes e agilidade em praticá-las, uma grande paz, tornando-nos assim mais fácil e agradável o caminho de santificação[66]. De modo especial, nenhum outro sacramento faz crescer tanto o amor de Deus nas almas, como a Eucaristia, na qual Jesus se dá todo para nos unir inteiramente a Ele através de seu amor. Dizia o Beato João de Ávila: "Quem se afasta da comunhão frequente faz o papel do demônio"[67] porque o demônio tem ódio da Eucaristia, na qual as pessoas recebem grande força para progredir no amor de Deus.

Para comungar bem, é preciso fazer uma conveniente preparação. A primeira preparação para se poder comungar bem todos os dias ou muitas vezes durante a semana é: 1. – Evitar toda falta deliberada, isto é, cometida de olhos abertos. 2. – Praticar muita meditação. 3. – Mortificar nossos sentidos e paixões. A preparação mais próxima para a comunhão é tudo aquilo, todas as orações que se fazem antes da comunhão[68].

Para tirar grandes frutos da comunhão é conveniente fazer depois a ação de graças. O tempo que segue à comunhão é "tempo de ganhar muitas graças de Deus"[69]. Santa Maria Madalena de Pazzi dizia: O tempo mais apropriado

---

[64] S. Bernardo, Sermo in Coena Domini, n. 3, ML 183-273.

[65] Summ. Theol. 3 p.q. 79, a. 6.

[66] S. João Crisóstomo, In Ioannem, hom. 46 (al. 45) n. 3-4: MG 59-261, 262; In Mathaeum, hom. 4, n. 9: MG 57-50: In Epist. I ad Cor., hom. 24, n. 5: MG 61-204.

[67] S. João de Ávila, Trattati del SS. Sac. Dell'Eucaristia, Trat. 27.

[68] Transcreve Sto. Afonso neste parágrafo as normas práticas sobre a comunhão frequente segundo a mentalidade da época. Por serem ultrapassadas, omitimos para não confundir os leitores menos avisados. Digna de nota sua insistência na comunhão frequente (Nota do tradutor).

[69] S. João de Ávila, Lettere spirituali, Firenze, 1601, parte 1, p. 77.

para crescermos no amor de Deus é aquele que segue após a comunhão[70]. E Santa Teresa escreveu: "Não percamos tão boa ocasião de negociar com Deus! Ele não costuma pagar mal a hospedagem, se o recebemos bem"[71].

Fuga da comunhão

Certas pessoas tímidas, aconselhadas por seu confessor a comungar com mais frequência, costumam responder: eu não sou digna.

– Não sabes que quanto menos comungas mais indigna te tornas, porque sem a comunhão terás menos força e cairás em mais faltas? Obedece ao confessor, deixa-te guiar por ele! As faltas, quando não plenamente voluntárias, não impedem a comunhão. Das tuas faltas, a maior é a de não obedecer a teu confessor.

Mas, dirá ainda:

– Mas eu levei uma vida má no passado!

– Não sabes que tem mais necessidade do médico e dos remédios justamente a pessoa que está mais doente? Jesus na Eucaristia é médico e remédio. É Santo Ambrósio quem diz: "Eu, que sempre peco, preciso sempre do remédio a meu alcance"[72].

Este Pão do Céu requer que se tenha fome, Ele quer ser desejado[73]. Este pensamento "hoje eu comunguei, amanhã eu vou comungar" nos torna atentos para fugir do pecado e fazer a vontade de Deus!

---

[70] Puccini, Vita, Firenze 1611, part. 1, c. 65-Sta. Maria Madalena de Pazzi.

[71] Sta. Teresa, Camino de Perfección, c. 34. Obras, III, p. 164-165.

[72] Sto. Ambrósio, De sacr., 1. 4, c. 6.

[73] S. Gregório Nazianzeno, Carminum, 1. 1, sectio 2, XXXIII, Tetrastichae sententiae, Sententia 37, vers. 145-148, MG 37 - 938, 939.

– Mas eu não sou fervoroso.

– Se falas do fervor sensível, isso não é necessário e Deus nem sempre o dá até mesmo às pessoas mais piedosas.

Basta que tenhas o fervor de uma vontade resolvida a ser toda de Deus e a progredir no amor de Deus. Diz Gerson que quem deixa a comunhão por não sentir a devoção que desejaria sentir, faz como aqueles que não se achegam ao fogo porque sentem frio[74].

Quantas pessoas deixam de procurar a comunhão para não se sentirem obrigadas a viver com maior recolhimento e maior desapego das coisas desta terra. Esse é o motivo verdadeiro porque muitos não comungam com maior frequência. Sabem que a comunhão diária não pode estar junto com o desejo de aparecer, com a vaidade no vestir, com o apego aos prazeres da gula, as comodidades, as conversas maldosas. Sabem que deveria haver mais oração, praticar mais mortificações internas e externas, maior recolhimento. É por isso que se envergonham de aproximar mais vezes da comunhão. Sem dúvida, tais pessoas fazem bem em deixar a comunhão frequente enquanto se acham neste estado lastimoso de tibieza. Mas deve sair dessa situação de tibieza quem se sente chamado a uma vida mais perfeita e não quer pôr em perigo a própria salvação eterna.

É também muito bom para se manter com fervor espiritual, fazer frequentemente a "comunhão espiritual", louvada pelo Concílio de Trento, que exorta os fiéis a praticá-la[75]. Ela consiste em um fervoroso desejo de receber a Jesus Cristo na

[74] João Gerson, Collectorium super Magnificat, tract. 9, part. 3, Opera, tom. 2, (Antwerpiae), 1706, col. 422.

[75] Concílio de Trento, Sess. 13, c. 8.

Eucaristia[76]. Por isso, os santos a faziam várias vezes ao dia. O modo de fazê-la é este: "Meu Jesus, creio que estais no Sacramento da Eucaristia. Amo-vos e desejo vos receber; vinde a minha alma. Uno-me a vós e vos peço que não permitais que nunca me separe de vós". Ou então, simplesmente: "Meu Jesus, vinde a mim, eu quero vos receber para que vivamos intimamente unidos e não vos separeis de mim". Este tipo de comunhão espiritual pode ser feito várias vezes ao dia, quando se reza, ou se faz uma visita ao Santíssimo Sacramento ou também na missa quando não se pode comungar. A Bem-aventurada Águeda da Cruz costumava dizer: "Se não me tivessem ensinado este modo de comungar muitas vezes ao dia, não sei como poderia viver"[77].

A Oração

O quinto meio, e o mais necessário para a vida espiritual e para se ter o amor a Jesus Cristo, é a Oração.

Em primeiro lugar. Deus nos faz conhecer, por este meio, o grande amor que nos tem. Que maior prova de amizade uma pessoa pode dar a seu amigo do que lhe dizer: pede-me o que quiseres e de mim receberás? Ora, é justamente isso que o Senhor nos diz: "Pedi e vos será dado, buscai e achareis"[78]. Por isso mesmo, a oração se torna poderosa junto de Deus para nos alcançar todos os bens. A oração tudo pode[79], quem reza alcança de Deus o que quer. "Bendito seja Deus que não rejeitou minha oração, nem retirou de mim sua

---

[76] Sto. Tomás de Aquino. Sum. Theol. 3, q. 80, a. 1, ad 3.

[77] Águeda da Cruz (†1621), da Ordem dominicana.

[78] Lc 11,9.

[79] Teodoreto, Religiosa História, c. 16. MG 84-1418. ML 74-75.

misericórdia."[80] Diz Santo Agostinho: "Quando percebes que não te falta a oração, fica sossegado, pois, a misericórdia de Deus não te faltará"[81]. E São João Crisóstomo: "Sempre se alcança, até mesmo enquanto estamos rezando"[82]. Quando pedimos ao Senhor, já antes de terminarmos de pedir, Ele nos dá a graça que suplicamos.

Se, portanto, somos pobres, queixemo-nos só de nós mesmos. Somos pobres porque assim o queremos e por isso não merecemos compaixão. Que compaixão pode merecer um mendigo que, tendo um patrão muito rico e disposto a lhe dar tudo, contanto que peça, prefere ficar em sua miséria só para não pedir o que lhe é necessário? Deus está pronto a enriquecer todos os que lhe pedem: "Rico para todos que o invocam"[83].

A prece humilde consegue tudo de Deus. Saibamos também que ela nos é útil e mesmo necessária para nossa salvação.

Para vencermos as tentações temos necessidade absoluta da ajuda de Deus. Algumas vezes, em tentações mais fortes, a graça suficiente que Deus não nega a ninguém poderia bastar para resistirmos ao pecado. Mas, devido a nossas más tendências, ela não nos bastará; necessitamos então de uma graça especial. Quem reza, alcança esta graça: quem não reza, não a consegue e se perde.

Tratando-se particularmente da graça da perseverança final, isto é, de morrer na amizade de Deus, o que é absolutamente necessário para nossa salvação, do contrário estaremos

[80] Sl 62,20.
[81] Sto. Agostinho, Enarratio in Ps. 65, n. 24, ML 36-801.
[82] S. João Crisóstomo, In Mathaeum, hom. 55 (al. 56), n. 5. MG 58-538, 539.
[83] Rm 10,12.
Nota: Os moralistas da época diziam que quem durante um mês não procurasse pedir a Deus a graça da salvação eterna, não ficaria isento de pecado mortal.

para sempre perdidos, esta graça Deus não a dá senão a quem pede. [84] Este é um dos motivos por que muitos não se salvam, pois são poucos os que cuidam de pedir a Deus a graça da perseverança final.

Rezar sempre

Resumindo, a oração é necessária não só por necessidade de preceito (*nota*), mas ainda por necessidade de meio. Isto quer dizer: quem não reza, é impossível que se salve. A razão é que não podemos alcançar a salvação sem o auxílio da graça de Deus e Deus só dá esta graça a quem lhe pede. Sendo contínuas as tentações e os perigos de perdermos a amizade de Deus, contínuas também devem ser nossas orações. Por isso escreveu Santo Tomás: "A oração contínua é necessária ao homem" para entrar no céu[85]. No momento em que deixarmos de nos recomendar a Deus, o demônio nos vencerá[86].

Embora a graça da perseverança final não possa ser merecida por nós, como ensina o Concílio de Trento, contudo pode-se merecê-la de certo modo com a oração[87]. O Senhor quer nos dar suas graças, mas quer que as peçamos; quer até mesmo ser importunado e como que constrangido com nossas orações, como escreve São Gregório[88]. Dizia Santa Maria Madalena de Pazzi que quando pedimos as graças a Deus, Ele

---

[84] Sto. Agostinho, De dono perseverantiae, c. 16, n. 39. ML 45-1017.

[85] Sto. Tomás de Aquino, Sum. Theol. 3, q. 39, a. 5, c.

[86] Lc 18,1; 1Ts 5,17.

[87] Concílio de Trento, Sess. 6, c. 13 – Sto. Agostinho, De dono perseverantiae, 1. 6, c. 10. ML 45-999.

[88] S. Gregório, Ps. paenitentialis (Ps CIX), n. 2. ML 79-633.

não só nos atende, mas de certo modo nos agradece[89]. Sim, porque sendo Deus a bondade infinita deseja comunicar-se com as pessoas tendo, por assim dizer, um desejo enorme de distribuir seus bens; mas Ele quer que peçamos. Por isso quando uma pessoa lhe pede, é tanto seu prazer que de certo modo se vê obrigado a agradecer.

Portanto, se queremos permanecer na amizade de Deus até a morte, precisamos sempre nos fazer mendigos e ter a boca aberta para pedir a Deus que nos ajude, repetindo sempre:

– "Meu Jesus, misericórdia! Não permitais que eu me separe de vós. Meu Deus, ajudai-me, socorrei-me!"

A oração frequente dos antigos monges do deserto era: "Senhor, atendei minhas preces, vinde depressa em meu auxílio"[90]. Senhor, ajudai-me depressa, porque se demorardes, eu cairei na desgraça e me perderei.

É preciso fazer assim principalmente nos momentos de tentações. Quem não faz assim, está perdido!

Confiança na oração

Tenhamos grande fé na oração; Deus prometeu atender aquele que lhe pede: "Pedi e recebereis"[91]. Por que vamos duvidar, se o Senhor se obrigou com sua promessa e Ele não pode faltar à promessa de nos conceder a graça que lhe pedimos?[92]. Quando recorremos a Deus, tenhamos plena confiança de que Deus nos atenderá e alcançaremos aquilo

[89] Vinc. Puccini, Vita, Firenze, 1611, parte 3, Quinta Notte, p. 126, 127 – Sta. Maria Madalena de Pazzi.

[90] Sl 69,2.

[91] Jo 16,24.

[92] Sto. Agostinho, Enarratio in Ps. 83, n. 16. ML 37-1068.

que queremos. "Tudo o que pedirdes na oração, crede que o recebereis, e ser-vos-á dado."[93]

Mas alguém poderá dizer:

– Sou um pecador, não mereço ser ouvido.

– Mas Jesus é que disse "todo aquele que pede, recebe"[94], seja justo ou pecador. Ensina Santo Tomás que a força da oração para obtermos a graça não vem dos nossos méritos, mas da misericórdia de Deus, que prometeu ouvir aquele que lhe pede[95]. Nosso Salvador, para nos tirar todo receio quando rezamos, diz-nos: "Em verdade, em verdade vos digo, o que pedirdes ao Pai, em meu nome, Ele vo-lo dará"[96]. É como se dissesse: Pecadores, não tendes merecimentos para ganhar as graças. Fazei assim, quando desejardes as graças: pedi a meu Pai em meu nome, isto é, por meus merecimentos e por meu amor; pedi quanto quiserdes e vos será dado.

Notemos a expressão "em meu nome", isto é, em nome do Salvador. Por isso, tudo que pedimos deve ser graças referentes a nossa salvação[97]; é bom reparar que a promessa não se refere a bens temporais. Os bens temporais, quando são úteis à salvação eterna, Ele nos concede, mas quando não são, Ele nos nega. Pedindo bens temporais, lembremo-nos de pedi-los com a condição de que sejam úteis a nossa alma. Quando são graças espirituais, então não existem condições, mas confiança e confiança infalível. Podemos dizer: "Pai Eterno, em nome de Jesus Cristo, livrai-me desta tentação e dai-me a santa perseverança, dai-me vosso amor, dai-me o céu". Todas

---

[93] Mc 11,24.
[94] Lc 11,10.
[95] Sto. Tomás, Sum. Theol. 2-2, q. 178, a. 2, ad 1.
[96] Jo 16,23.
[97] Sto. Tomás, Catena aurea in Joannis Evangelium, c. 15, n. 4 (ex Aug.).

estas graças podemos pedi-las a Jesus Cristo em seu nome, isto é, por seus méritos, pois aqui existe a promessa de Jesus: "Tudo que pedirdes a meu Pai em meu nome, eu o farei"[98].

Quando rezamos a Deus, não nos esqueçamos de nos recomendar à dispensadora das graças, Maria. Deus é quem dá as graças, mas é pelas mãos de Maria que Ele as dá. Como diz São Bernardo: "Busquemos as graças e busquemo-las por meio de Maria, porque o que ela procura para nós, sempre acha; nada lhe pode ser recusado"[99]. Se Maria pede também por nós, estamos seguros, porque as orações de Maria são todas ouvidas e nunca rejeitadas.

ORAÇÃO

Meu Jesus, quero amar-vos o quanto posso. Quero ser santo para vos agradar e vos amar sempre nesta vida e na outra. Nada posso, mas vós podeis tudo; sei que me desejais como santo! Levado por vossa graça, sinto que minha alma vos quer e vos procura; não desejo viver para mim mesmo. Jesus, quereis que eu seja todo vosso e eu também quero a mesma coisa.

Sois a bondade infinita, aquele que tanto me amou. Muito me amastes e muito digno sois de meu amor. Como poderia eu amar outra coisa, senão a vós? Prefiro vosso amor a todas as coisas do mundo; sois o único motivo e a única meta de meus afetos. Deixo tudo para me dedicar somente a vos amar, meu Criador, meu Redentor, meu Consolador, minha Esperança, meu Amor e meu Tudo.

---

[98] Jo 14,14.

[99] S. Bernardo, In Nativitate B.V.M., Sermo de aquaeducto, n. 8. ML 183-442.

Não quero perder a confiança, lembrando-me de meus pecados que fiz no passado. Sei que morrestes para perdoar a quem se arrepende. Agora vos amo com toda a minha alma, com todo o meu coração, e mais do que a mim mesmo. Arrependo-me de vos ter desprezado! Agora já não pertenço a mim mesmo, mas sou vosso.

Meu Deus, fazei de mim o que quiserdes. Quero aceitar, para vos agradar, todos os sofrimentos que quiserdes me mandar: doenças, dores, angústias, desprezos, pobreza, perseguições, desolações. Tudo aceito para vos agradar. Aceito também a morte que me preparastes com todas as angústias e sofrimentos que a acompanharão. Basta que me deis a graça de vos amar muito! Ajudai-me, dai-me forças para compensar com um grande amor, nesta vida que me resta, os desgostos que vos causei no passado.

Rainha do céu, Mãe de Deus, grande advogada dos pecadores, eu confio em vós!

CAPÍTULO IX

QUEM AMA A JESUS CRISTO NÃO SE ENVAIDECE DE SUAS QUALIDADES

"A Caridade não se envaidece." O orgulhoso é como um balão cheio de vento que se sente grande diante de si mesmo. Na verdade, toda a sua grandeza se reduz a um pouco de ar que se esvai rapidamente, quando o balão se rompe. Quem ama a Deus é verdadeiramente humilde. Não se orgulha vendo em si algumas boas qualidades. Sabe que tudo quanto possui é dom de Deus; de seu, só tem o nada e o pecado. Por isso, conhecendo os dons concedidos por Deus, mais se humilha, sentindo-se indigno e tão favorecido por Deus.

Santa Teresa, falando das graças especiais concedidas a ela por Deus, diz: "Deus faz comigo como se faz com uma casa prestes a cair, sustenta-a com escoras"[1].

Quando alguém recebe uma visita de Deus, sentindo em si a força extraordinária do amor divino que o leva até a emoção e a uma grande ternura de coração, não se julgue favorecido ou recompensado pelo Senhor por ter feito alguma obra boa. Humilha-se ainda mais, entendendo que Deus acaricia, para que não o abandone. Mas se tais graças lhe inspiram alguma vaidade, sentindo-se mais favorecido porque é mais fiel a Deus do que os outros, tal defeito fará com que Deus o prive de suas graças. Para conservar uma casa, duas são as

---

[1] Sta. Teresa, Moradas sextas, c. 10. Obras, IV. p. 171; Libro de la Vida, c. 18, Obras, I, p. 131.

coisas mais necessárias: o alicerce e o telhado. Na casa de nossa santificação, o alicerce é a humildade, reconhecendo que nada somos e nada podemos. O telhado é a proteção de Deus na qual unicamente devemos confiar.

Quando nos vemos mais favorecidos por Deus, mais devemos ser humildes. Quando Santa Teresa recebia uma graça especial, procurava pôr diante de seus olhos todas as suas faltas e assim o Senhor mais se unia a ela[2]. Quanto mais uma pessoa se acha indigna de graças, mais Deus a enriquece delas. Santa Taís era uma pecadora e depois se tornou uma santa. Humilhava-se tanto na presença de Deus, julgando-se até indigna de dizer seu nome, não ousava dizer "meu Deus", mas repetia sempre: "Meu Criador, tende piedade de mim". São Jerônimo diz ter visto um lugar especial no céu para ela por tal humildade[3].

Um caso semelhante se lê na vida de Santa Margarida de Cortona. Sentindo com ternura o amor de Deus, dizia: "Senhor, já esquecestes do que eu fui? Como me pagais com favores a tantas ofensas que vos fiz?" Deus então a fez sentir que, quando uma pessoa o ama e se arrepende de coração por tê-lo ofendido, Ele se esquece das faltas recebidas. "Se no entanto, o homem mau renuncia a todos os seus erros... não lhe será tomada em conta qualquer das faltas cometidas."[4] Como prova disso, mostrou-lhe no céu um lugar glorioso que lhe estava preparado entre os anjos[5]. Oh, se pudéssemos compreender o valor da humildade! Vale mais um ato de humildade do que a conquista de todas as riquezas do mundo.

---

[2] Sta. Teresa. Libro de la Vida, c. 18, 22.

[3] Vitae Patrum, 1.1: Vita Sanctae Thaisis, meretricis, c. 2 e 3. ML 73-662.

[4] Ez 18,21-22.

[5] Marchese, Vita, 1. 1, c. 18, n. 9; 1. 2, c. 11, n. 8, 9.

Dizia Santa Teresa: "Não acrediteis ter progredido na perfeição, se não vos julgardes piores de todos e se não desejais ser tratados como os últimos"[6]. Assim fazia Santa Teresa e todos os outros santos. São Francisco de Assis, Santa Maria Madalena de Pazzi e outros julgavam-se os maiores pecadores do mundo. Admiravam-se de que a terra os sustentasse e não se abrisse debaixo de seus pés. Afirmavam isso com verdadeira sinceridade. Achando-se perto da morte, São João de Ávila, que teve uma vida santa desde a juventude, veio assisti-lo um sacerdote que lhe dizia coisas muito sublimes, tratando-o como um grande servo de Deus e como um grande sábio, o que ele era de fato. Mas João lhe disse: "Padre, peço-lhe que recomende minha alma como se faz a um malfeitor, condenado à morte; porque eu sou isso"[7]. É isto o que sentem os santos!

Façamos também assim, se queremos salvar-nos e conservar-nos na graça de Deus até a morte, colocando toda a nossa confiança somente em Deus. O soberbo confia nas próprias forças e por isso cai. O humilde, embora seja assaltado pelas mais fortes tentações, resiste e não cai, fizesse milagres, pode-se ter certeza que está ainda bem porque confia só em Deus: "Tudo posso naquele que me conforta"[8].

O demônio ora nos tenta de presunção, ora de desconfiança. Quando ele diz que para nós não há perigo de cair, então temamos mais porque, se por um instante Deus não nos ajuda com sua graça, estamos perdidos. Quando nos tenta a

---

[6] Sta. Teresa, Camino de perfección, c. 18 e 15; Yepes, Vita, 1. 3, c. 7-8; Ribera, Vita, 1. 4, c. 15-16.

[7] Luigi Muños, Vita 1. 3, c. 23, p. 403-404.

[8] Fl 4,13.

desconfiar, voltemo-nos para Deus e digamos-lhe com grande confiança: "Em vós, Senhor, eu esperei: não seja eu confundido para sempre"[9]. Meu Deus, coloquei em vós minhas esperanças; espero que jamais me veja confuso e afastado de vossa graça. Estes atos de desconfiança em nós e de confiança em Deus, devemos fazê-los até o último momento de nossa vida, pedindo sempre ao Senhor que nos dê sua santa humildade.

O medo de ser humilhado

Para ser humilde não basta ter um baixo conceito de si e da própria fraqueza. Diz Tomás de Kempis que o verdadeiro humilde é aquele que reconhece seu nada e se alegra nas humilhações[10]. Isso é o que o Cristo nos recomendou fazer, segundo seu exemplo: "Aprendei de mim, porque sou manso e humilde de coração"[11].

Quem diz ser o maior pecador do mundo e fica irritado quando o desprezam, mostra que é humilde da boca para fora, mas não de coração. Diz Santo Tomás que quando alguém, vendo-se desprezado, fica ressentido, mesmo se longe da perfeição[12]. "A humildade consiste em alegrarmo-nos com tudo o que nos leva a reconhecer nosso nada."[13] Notemos bem "alegrarmo--nos". Se nossos sentimentos se ressentem com os desprezos recebidos, ao menos em nosso espírito devemos nos alegrar.

Como poderá uma pessoa que ama a Jesus Cristo deixar de aceitar os desprezos, vendo seu Deus suportar escarros e

---

[9] Sl 30,2.

[10] Imitação de Cristo, 1. 3, c. 7, n. 23-24.

[11] Mt 11,29.

[12] Sto. Tomás de Aquino, em B. Henrique Suso, Sermo 4, Opera.

[13] Diz o original: "Maria, a divina Mãe, mandou Sto. Inácio de Loyola ensinar a humildade a Sta. Maria Madalena de Pazzi..." – Puccini, Vita, part. 2, c. 12.

tapas como sofreu em sua Paixão? "E cuspiram-lhe no rosto, bateram-lhe com murros e deram-lhe tapas."[14]

Nosso divino Redentor quis ser representado e exposto sobre os altares, não sob o aspecto glorioso, mas crucificado, para termos sempre diante de nós seus desprezos. Vendo-o assim, os santos também se alegravam quando desprezados na terra. Esta foi a oração de São João da Cruz a Jesus Cristo que se lhe apresentava com a cruz às costas: "Senhor, quero padecer e ser desprezado por amor de vós"[15]. Senhor, vendo--vos desprezado por meu amor, outra coisa não vos peço, senão me fazerdes sofrer e ser desprezado por amor a vós.

O alicerce da humildade

Diz São Francisco de Sales: "Suportar os desprezos é pedra de toque da humildade e da verdadeira virtude"[16]. Uma pessoa que se apresenta como religiosa, reza, comunga frequentemente, jejua, pratica a mortificação, mas que depois não pode suportar uma injúria, uma palavra picante, mostra ser o quê?

Mostra que não passa de um pau oco, sem humildade e sem virtude. E que sabe fazer uma pessoa que ama a Jesus Cristo, se não é capaz de sofrer um desprezo por amor dele, que tanto sofreu por seu amor?

Escreve Tomás de Kempis: "Já que te aborreces tanto em ser humilhado, é sinal de que não estás morto para o mundo, não tens humildade, não tens Deus como tudo na vida. Quem não tem Deus como tudo, perturba-se com toda a palavra de crítica

---

[14] Mt 26,67.

[15] Marco da S. Francesco, O.C., Vita, 1. 3, c. 1, n. 10. Opera del Santo, tom. 3.

[16] Lettre 2069, à la Mère de Chantal. Oeuvres, XXI, 151 – S. Francisco de Sales.

que escuta"[17]. Não podemos suportar bofetadas e ferimentos por Deus? Ao menos, suportemos alguma palavra mais dura!

Causa admiração e escândalo uma pessoa que comunga com frequência e depois se ressente com qualquer palavra de desprezo. Ao contrário, como é edificante uma pessoa que responde com uma palavra mansa para acalmar quem a ofendeu. Ou então, sem nada responder nem se queixar aos outros, conserva o rosto sereno sem mostrar irritação!

Diz São João Crisóstomo que o homem manso é útil não só para si mesmo mas também para os outros, pelo bom exemplo que dá de sua mansidão, quando é desprezado[18]. Falando sobre esse assunto, Tomás de Kempis apresenta muitas ocasiões em que devemos ser humildes: "Darão ouvidos ao que dizem os outros, e será desprezado o que dizes. Pedirão os outros e receberão; pedirás tu e ser-te-á negado. Serão grandes os outros na boca dos homens; de ti não se falará. Aos outros será dado este ou aquele trabalho, tu não serás julgado bom para nada. Com estas provações costuma o servo fiel ser experimentado pelo Senhor, para ver se sabe renunciar-se a si mesmo e repousar nele. Por isso a natureza ficará magoada, muitas vezes; farás, porém, grandes coisas se, em silêncio, tudo sofreres"[19].

Felizes os humildes

Dizia Santa Joana de Chantal: "Quem é verdadeiramente humilde, vendo-se humilhado, mais se humilha"[20]. Sim, porque

[17] Imitação de Cristo, 1. 3, c. 46, n. 8-11.

[18] S. João Crisóstomo: In Acta Apostolorum, hom. 6, n. 4. MG 60-62.

[19] Imitação de Cristo, 1. 3, c. 49, n. 20-25.

[20] Sta. Joana de Chantal, Entretiens faits à la récreation e aux assemblées de la Communalté, XIX. Vie et Oeuvres, II, 284, 285.

a pessoa humilde nunca se julga tão humilhada quanto merece. Os que fazem assim são chamados por Cristo de "felizes". Os que são estimados, honrados e louvados por sua nobreza, ciência e poder não são chamados "felizes" por Cristo. Mas uma grande recompensa será dada no céu aos que são amaldiçoados pelo mundo, perseguidos e caluniados pelos homens, se sofrerem tudo isso com paciência: "Bem-aventurados sois vós, quando vos injuriarem e vos perseguirem e, mentindo, disserem todo o mal contra vós por causa de mim. Alegrai-vos e regozijai-vos, porque será grande a vossa recompensa nos céus"[21].

Devemos praticar a humildade principalmente quando somos repreendidos por alguma falta pelos nossos superiores ou por outra pessoa qualquer.

Alguns fazem como ouriços: quando não são atacados, parecem calmos e cheios de mansidão. Mas quando um superior ou amigo os toca lembrando-lhes alguma coisa malfeita, arrepiam logo os espinhos. Respondem com azedume dizendo que não é verdade, ou que tiveram motivos para o fazer, ou que não tinha cabimento aquela admoestação. Em resumo, quem os repreende torna-se seu inimigo. Fazem como aqueles que se zangam com o médico porque os faz sofrer dores quando realiza os curativos de suas feridas[22].

Diz São João Crisóstomo: "A pessoa santa é humilde, quando é repreendida, arrepende-se da falta que fez. Ao contrário, quem é orgulhoso fica magoado quando é corrigido. Fica magoado por ver descoberto seu defeito e por isso responde e indigna-se com quem o adverte"[23].

---

[21] Mt 5,11-12.

[22] S. Bernardo, In Cantica, sermo 42, n. 3, ML 341-344.

[23] S. João Crisóstomo: In Mathaeum, hom. 68 (al. 69), n. 1-2, MG 58 de 341 a 344.

São Filipe Néri dá esta regra a quem é acusado sem motivo: "Quem quer ficar verdadeiramente santo nunca deve se desculpar, nem que seja falso o que lhe atribuem"[24]. A única exceção acontece quando é necessário defender-se para evitar escândalo. Quanto merecimento perante Deus tem uma pessoa que é repreendida, até mesmo sem razão, e se cala e não se desculpa! Dizia Santa Teresa: "Uma pessoa caminha mais para Deus quando deixa de desculpar-se do que ouvindo dez sermões. Não se desculpando, começa a adquirir a liberdade interior e a não se preocupar se dizem dele bem ou mal"[25].

ORAÇÃO

Verbo Encarnado, peço-vos, pelos merecimentos de vossa santa humildade que vos fez abraçar tantos desprezos e injúrias por nosso amor, livrai-me do orgulho e dai-me parte da vossa santa humildade. Como posso me lamentar de alguma ofensa, sobretudo depois de ter merecido tantas vezes o inferno? Meu Jesus, pelos méritos de tantos desprezos que sofrestes em vossa Paixão, dai-me a graça de viver e morrer humilhado nesta terra, como vos dignastes viver e morrer humilhado por amor de mim. Por vosso amor desejaria ser desprezado e abandonado por todos; mas sem vós nada posso fazer.

Amo-vos, meu Deus, amo-vos como o tudo de minha vida. Estou resolvido e espero, com vossa graça, sofrer tudo por vós: ofensas, traições, perseguições, dores, solidão, abandono. Bas-

[24] Bacci, Vita, 1. 2, c. 17, n. 22.

[25] Sta. Teresa, Camino de perfección, c. 15.

ta que não me abandoneis, vós, o único bem de minha vida. Não deixeis que me afaste de vós. Dai-me o desejo de vos agradar, o entusiasmo em vosso amor, calma nos sofrimentos, paciência em todas as contrariedades. Tende piedade de mim. Nada mereço, mas espero tudo de vós, pois me remistes com vosso sangue.

Tudo espero de vós, Maria, minha Mãe e Rainha, porque sois o refúgio dos pecadores!

CAPÍTULO X

QUEM AMA A JESUS CRISTO SÓ A ELE AMBICIONA

"A Caridade não é ambiciosa." Quem ama a Deus, não anda à busca de afeição das pessoas. Seu único desejo é estar bem com Deus, o único objeto de seu amor. Escreve Santo Hilário "que as honrarias deste mundo são negócios do demônio[1]. É isso mesmo, porque ele negocia para o inferno quando introduz na alma os desejos de estima. Perdendo a humildade, qualquer pessoa se coloca em risco de abraçar todos os males. Deus, ao dar suas graças, abre sua mão aos humildes e a fecha aos orgulhosos: Deus resiste aos orgulhosos e dá sua graça aos humildes"[2]. Resiste aos orgulhosos, isto é, nem sequer escuta suas orações.

Entre os atos de orgulho, certamente um é este: ambicionar a afeição dos homens e tornar-se vaidoso com as honras recebidas deles.

Muito espantoso foi o exemplo de Frei Justino. Ele tinha adquirido um grande grau de conhecimento de Deus, mas possivelmente ou certamente alimentava dentro de si o desejo de ser estimado pelo mundo. Eis o que lhe aconteceu. Um dia, o Papa Eugênio IV mandou chamá-lo. Pela fama que tinha de sua santidade, recebeu-o com muitas honras, abraçando-o e fazendo com que se assentasse junto dele. Depois deste fato, Frei Justino encheu-se de vaidade, de tal forma que São João Capistrano lhe disse: "Frei Justino, você foi lá como um anjo

[1] Sto. Hilário, Commentarius in Matthaeum, c. 3, n. 5, ML 9-930, 931.

[2] Tg 4,6.

e voltou como um demônio". De fato, crescendo dia a dia em seu orgulho, pretendendo ser tratado como julgava merecer, chegou até a matar um frade com um punhal. Depois perdeu a fé e fugiu para Nápoles onde fez outros crimes. Finalmente aí morreu, apóstata, em uma prisão[3].

Por isso, quando ouvimos ou lemos que caíram certos cedros do Líbano, um Salomão, um Tertuliano, um Osio, considerados por todos como santos e no entanto caíram, é sinal que eles não se deram totalmente a Deus. É sinal que interiormente alimentavam em si sentimentos de orgulho e por isso caíram.

Tremamos de medo, portanto, quando sentirmos aparecer em nós qualquer desejo de aparecer e de ser estimado pelo mundo. Quando as pessoas nos homenagearem, cuidado para não nos comprazermos nessas honras. Elas poderão ser a causa de nossa ruína.

Vida oculta

Cuidemo-nos especialmente de andar buscando pequenas honras. Dizia Santa Teresa: "Onde há pequenos pontos de honra, não haverá espírito interior"[4].

Muitas pessoas dizem ter vida espiritual, mas idólatras da estima própria. Mostram exteriormente certas virtudes, mas ambicionam ser louvadas por tudo o que fazem e quando não há ninguém que as louve, louvam-se a si mesmas. Procuram, enfim, parecer melhores do que os outros e, se por acaso, alguém as machuca em algum ponto de honra, perdem

---

[3] Wadding, Annales Minorum, anno 1445, n. 16, 17, 18.
[4] Sta. Teresa, Camino de Perfección, c. 36.

a paz, deixam de comungar, abandonam todas as suas devoções. Não ficam sossegadas enquanto não lhes parecer que readquiriram a fama perdida.

Aqueles que amam a Deus de verdade não fazem assim. Fogem de falar em seu próprio louvor, não se comprazem nas palavras elogiosas que lhes dizem. Longe de tudo isso, eles se entristecem com tais elogios e se alegram quando são desprezados pelas pessoas.

Dizia São Francisco de Assis: "Sou aquilo que sou diante de Deus"[5]. Que valor tem ser estimado pelas pessoas deste mundo, se diante de Deus somos nada? Ao contrário, o que importam os desprezos do mundo, se somos agradáveis e queridos aos olhos de Deus? Escreveu Santo Agostinho: "O elogio do adulador não cura a má consciência, nem as injúrias de quem ofende ferem a consciência boa"[6]. Dessa forma, quem nos louva não nos livra do castigo de nossas más ações e quem nos condena não nos tira o merecimento de nossas boas ações. Dizia Santa Teresa: "Que nos importa sermos julgados como culpados pelas pessoas, tidos por ordinários, se diante de Deus somos grandes e inocentes?"[7] Os santos desejavam viver desconhecidos e desconsiderados por todos. Escreve São Francisco de Sales: "Que mal as pessoas nos fazem quando têm uma fraca opinião de nós, se nós mesmos a devemos ter? Talvez saibamos que somos maus e pretendemos que os outros nos tenham por bons?"[8].

---

[5] S. Boaventura, Legenda S. Francisci, c. 6, n. 1.

[6] Sto. Agostinho: Contra litteras Petiliani Cenastistae, 1. 3, c. 7, n. 8 – ML 43-352.

[7] Sta. Teresa, Camino de perfección, c. 15, Obras, III, 71.

[8] Camus, Esprit de S. François de Sales, partie 2, c. 3.

Como é segura a vida escondida para aqueles que querem amar de todo o coração a Jesus Cristo! Jesus mesmo nos deu o exemplo disso, vivendo desconhecido e desprezado durante trinta anos em uma oficina. Por isso os santos, fugindo à estima dos homens, foram viver nos desertos e nas grutas. Dizia São Vicente de Paulo: "O gosto de aparecer, de ser elogiado, o desejo de que seja louvado o comportamento, de que se diga que somos bem-sucedidos e que fazemos maravilhas, é um mal. Fazendo-nos esquecer de Deus, prejudica nossas ações mais santas e torna-se para nós o vício mais pernicioso ao progresso da vida espiritual"[9].

Aquele, portanto, que quer crescer no amor a Jesus Cristo, precisa fazer morrer em si mesmo o amor à própria estima.

– Como se faz morrer a própria estima?

Diz-nos Santa Maria Madalena de Pazzi:

– "A vida da própria estima é a boa reputação na qual os outros nos têm. Portanto, a morte da própria estima consiste em nos escondermos para não sermos conhecidos de ninguém. Enquanto não chegarmos a morrer desse modo, não seremos verdadeiros servos de Deus".[10]

Portanto, para nos fazermos agradáveis aos olhos de Deus, é preciso afastar de nós o desejo de aparecer e de agradar a outros homens. Principalmente refrear o desejo de dominar os outros. Santa Teresa preferia que seu mosteiro, com todas as religiosas, fosse devorado pelo fogo, antes que entrasse lá essa maldita ambição. Se, por acaso, uma de suas

[9] A belly, Vie, 1. 3, c. 13, section 2 – S. Vicente de Paulo.

[10] Puccini, Vita, parte 4, c. 31 – Sta. Maria Madalena de Pazzi.

religiosas pretendesse ser superiora, queria que fosse expulsa do convento ou, no mínimo, encarcerada para sempre[11]. Santa Maria Madalena de Pazzi dizia: "A honra de uma pessoa desejosa da vida espiritual está em ser colocada depois de todos os outros e em ter horror de ser preferida aos outros"[12]. A ambição de uma pessoa que ama a Deus deve ser a de superar a todos na humanidade: "nada fazendo por competição ou vanglória, mas com humildade"[13].

Resumindo, quem ama a Deus não deve ter outra ambição senão Deus.

ORAÇÃO

Meu Jesus, dai-me a ambição de vos agradar e fazei-me esquecer a todas as criaturas e até a mim mesmo. O que me adianta ser amado por todo o mundo, se não sou amado por vós, o tudo de minha vida? Jesus, viestes a este mundo para ganhar os nossos corações. Se eu não sei vos dar o meu coração, tomai-o vós; enchei-o de vosso amor e não permitais que me separe de vós.

Na vida passada, virei as costas para vós, mas agora, vendo o mal que fiz, arrependo-me de coração e nada me aflige tanto como a lembrança das ofensas que vos fiz. Consola-me o saber que sois a bondade infinita e amais um pecador que vos ama.

Meu Redentor, o tudo de minha vida, no passado, é verdade que vos desprezei, mas agora vos amo mais do que a

---

[11] Sta. Teresa, Camino de Perfección, c. 7, Obras, III, p. 43.
[12] Puccini, Vita, parte 4, c. 10 – Sta. Maria Madalena de Pazzi.
[13] Fl 2,3.

mim mesmo. Ofereço-me a vós e ofereço a vós todas as coisas; não tenho outro desejo senão o de vos amar e vos dar alegria. Esta é a minha ambição, aceitai-a, destruí em mim todo o desejo dos bens terrenos. Sois mais digno de ser amado e tendes o direito a meu amor.

Eis-me aqui, quero vos pertencer, quero sofrer tudo o que for de vossa vontade, já que, por meu amor, morrestes de dor em uma cruz. Quereis que eu seja santo, podeis fazer-me santo; em vós confio.

Maria, grande Mãe de Deus, eu confio também em vossa proteção.

CAPÍTULO XI

QUEM AMA A JESUS CRISTO, PROCURA DESPRENDER-SE DE TODAS AS CRIATURAS

"A Caridade não procura o que não lhe pertence." Quem quiser amar a Jesus Cristo de todo o coração, precisa expulsar do coração tudo o que não é de Deus, mais o amor-próprio. Isso é o significado de "não procurar o que não lhe pertence", não procurar a si mesmo, mas só aquilo que agrada a Deus. É isto que pede o Senhor a cada um de nós: "Amarás o Senhor, teu Deus, de todo o teu coração"[1].

Para amar a Deus com todo o coração requerem-se duas coisas: primeira, esvaziá-lo das coisas da terra; segunda, enchê-lo do amor de Deus.

O coração onde existe algum afeto terreno não pode jamais ser todo de Deus. Mas, como se purifica o coração das coisas terrenas? São Filipe Néri dizia que quanto de amor pomos nas criaturas, tanto tiramos de Deus[2]. Mas, como se purifica o coração das coisas terrenas? Purifica-se com as mortificações e com o desapego das coisas criadas. Certas pessoas queixam-se de que procuram a Deus e não o encontram. Ouçam o que diz Santa Teresa: "Desapeguem seu coração das criaturas e procurem a Deus que o encontrará"[3].

---

[1] Mt 22,37.

[2] Bacci, Vita, 1. 2, c. 15, n. 14 – S. Filipe Néri.

[3] Sta. Teresa, Avisos, 36. Obras, VI, p. 51.

O erro está em alguns quererem tornar-se santos, mas a seu modo. Querem amar a Jesus Cristo, mas conforme sua inclinação, sem deixar certos divertimentos, certas vaidades no vestir, certos alimentos apetitosos. Amam a Deus, mas se não conseguem tal emprego, vivem inquietos. Se alguém lhes toca na fama, logo se irritam. Se não saram de uma doença, perdem a paciência. Amam a Deus, mas não abandonam o apego às riquezas, às honras do mundo, à vaidade de serem tidos por pessoas de classe, sábios, melhores que os outros. Essas pessoas rezam, comungam: mas porque têm o coração cheio de coisas terrenas, pouco proveito tiram. A eles o Senhor não fala, porque vê que perde tempo. "Eu falaria a muitas almas, mas o mundo faz muito barulho em seus ouvidos, de modo que minha voz não pode ser percebida por eles. Oh! Se eles se afastassem um pouco do mundo!"[4]

Quem está, portanto, cheio de apegos terrenos não é capaz de ouvir a voz de Deus que lhe fala. Infeliz daquele que tem apego às coisas sensíveis deste mundo! Não será difícil que, cego por eles, deixe um dia de amar a Jesus Cristo; para não perder estes bens passageiros, poderá vir a perder para sempre a Deus, felicidade infinita. Dizia Santa Teresa: "Se uma pessoa corre atrás dos bens perdidos, justamente acontece que também ela acaba se perdendo"[5].

Escolha de Deus

Diz Santo Agostinho que Tibério César queria que Jesus Cristo fosse contado entre os deuses pelo senado romano. O senado não quis admiti-lo, dizendo que Ele era

[4] Sta. Teresa, Livro de la Vita, c. 40. Obras, I, p. 359-360.

[5] Sta. Teresa, Livro de la Vita, c. 34. Obras, I, p. 291.

um Deus soberbo, desejando fazer-se adorar sozinho, sem companhia[6]. Isso é verdade: Deus quer ser o único a ser adorado sozinho e ser amado por nós, não por soberba, mas porque o merece e pelo amor que nos tem. Quer todo o nosso amor, porque muito nos ama. Por isso não admite que ninguém tome parte dos corações que Ele quer só para si. Diz São Jerônimo: "Jesus é ciumento; Ele não quer nossas afeições colocadas em outras coisas, senão nele só"[7]. Se por acaso vê alguma coisa ocupando um coração, é como se tivesse inveja. Ele não suporta concorrentes no amor, mas quer ser o único a ser amado:

"Acaso imaginais que em vão diz a Escritura: O Espírito que habita em vós, vos ama com ciúmes?"[8]

Na Bíblia o Senhor elogia a alma-esposa, dizendo: "Jardim fechado, minha irmã esposa"[9]. Chama-a de "jardim fechado" porque a alma-esposa tem seu coração fechado a todos os afetos terrenos, conservando nele somente o de Jesus Cristo. Por acaso Jesus Cristo não merece todo o nosso amor? Certamente, muito o merece por sua bondade e pelo afeto que nos tem. Os santos entendiam muito bem tudo isso. Por isso dizia São Francisco de Sales: "Se eu souber que em meu coração há uma fibra que não fosse de Deus, queria logo arrancá-la"[10].

---

[6] Sto. Agostinho, De consensu Evangelistarum, 1. 1, c. 12, n. 18: ML 34-1050; c. 18, n. 26: ML 34-1053, 1054.

[7] S. Jerônimo, Epístola 22, ad Eustochium, De custodia virginitatis, n. 25. ML 22-411.

[8] Tg 4,5.

[9] Ct 4,12.

[10] Sta. Joana Francisca de Chantal, Déposition pour la canonisation de S. François, a. 26. Vie et Oeuvres, tom. 3.

Ser livre

O rei Davi desejava ter asas livres de qualquer afeto mundano, para voar e repousar em Deus: "Tivesse eu asas como a pomba, voaria para o lugar de meu repouso"[11].

Muitas pessoas desejariam ver-se livres de todos os laços da terra para voarem até Deus. Dariam grandes passos, realmente, se se desprendessem de todas as coisas deste mundo. Mas, porque conservam alguma pequena afeição desordenada e não se esforçam por se libertar dela, permanecem sempre em sua miséria sem jamais levantarem o pé da terra. Dizia São João da Cruz: "A pessoa que está presa por algum afeto a alguma coisa, mesmo pequena, não alcançará a união com Deus, mesmo que tenha muitas virtudes. Pouco importa se o passarinho está preso com um fio grosso ou fino. Mesmo que o fio seja fino, se ele não consegue arrebentá-lo, ficará sempre preso e não poderá voar. Como é triste ver certas pessoas, com muitas devoções, virtudes, e graças de Deus, mas que por falta de coragem de acabar com uma pequena afeição, não podem chegar à união com Deus. É-lhes necessário dar um forte voo e acabar de arrebentar esse fio. Livres de todo afeto às criaturas, não pode Deus deixar de se dar completamente a elas"[12].

Doação total

Quem deseja que Deus seja todo seu, deve dar-se totalmente a Ele: "Meu amado é para mim e eu para Ele"[13]. O

[11] Sl 54,7.
[12] S. João da Cruz, Salita del Monte Carmelo, 1. 1, c. 11.
[13] Ct 2,16.

meu Deus deu-se todo a mim e eu me doo todo a Ele. Jesus Cristo, por causa do amor que nos tem, deseja todo o nosso amor e não estará contente enquanto não o tiver totalmente.

Santa Teresa escreveu à superiora de um mosteiro: "Procure formar as pessoas desprendidas de todas as coisas porque se preparam para ser esposas de um Rei tão ciumento, que deseja até mesmo que se esqueçam de si"[14]. Santa Maria Madalena de Pazzi tirou, certa vez, um livro espiritual de uma noviça. Assim fez, simplesmente porque percebeu estar ela apegada demais a esse livro[15].

Muitas pessoas fazem meditação, visitas ao Santíssimo Sacramento, comungam, mas pouco ou nada progridem na perfeição por terem o coração apegado a alguma coisa. Vivendo assim, não só serão sempre miseráveis, mas estão em risco de perder tudo.

É necessário pedir a Deus que nos purifique o coração de todo o apego à terra: "Criai em mim, ó meu Deus, um coração puro"[16]; do contrário, não poderemos pertencer-lhe inteiramente.

Cristo nos ensinou que quem não renuncia a todas as coisas deste mundo, não pode ser seu verdadeiro discípulo: "Assim, pois, qualquer um de vós que não renuncia a tudo quanto possui, não pode ser meu discípulo"[17]. É por causa disso que os antigos monges do deserto, quando um jovem vinha juntar-se a eles, logo lhe faziam esta pergunta: – "Você tem o coração vazio de todo o afeto mundano para que o Espírito Santo possa enchê-lo?" Santa Gertrudes, pedindo a Je-

---

[14] Sta. Teresa, Carta 421, a la M. Ana de Jesus y a sus religiosas.

[15] Puccini, Vita, parte 1, c. 54.

[16] Sl 50,12.

[17] Lc 14,33.

sus Cristo a graça de entender sua vontade, ouviu como resposta: "Outra coisa não quero de você, a não ser um coração livre das criaturas"[18].

É preciso dizer a Deus com ânimo forte e resoluto: "Senhor, eu vos escolho acima de tudo, acima da saúde, das riquezas, das dignidades, das honras, dos elogios, da ciência, das consolações, das esperanças, dos desejos. Acima até mesmo das graças e dons que poderei receber de vós. Em resumo, escolho-vos acima de todas as criaturas que não são vós, ó meu Deus. Qualquer graça que me dais, sem vós não me é suficiente. Eu quero só a vós e nada mais".

Coração vazio

O amor de Deus entra e preenche um coração vazio de todo o afeto às criaturas. Dizia Santa Teresa: "Afastai os olhos das más ocasiões e logo a alma se volta para Deus"[19]. É verdade, porque nenhuma pessoa pode viver sem amar; ou ama o Criador ou ama as criaturas. É preciso deixar tudo para ganhar tudo: "o todo pelo todo"[20]. Santa Teresa, enquanto alimentava certo afeto, honesto, para com seu parente, não era ainda toda de Deus. Quando depois teve coragem e rompeu aquele laço, sentiu como se Jesus lhe dissesse: "Teresa, agora você é toda minha e eu sou todo seu"[21].

É pouco demais só um coração para amar a Deus que ama tanto e é tão capaz de ser amado, merecedor de um amor infinito. Como então ainda dividir este coração entre as cria-

[18] S. Gertrudis Magnae, Legatus divinae pietatis, 1. 4, c. 26.
[19] Sta. Teresa, Camino de perfección, c. 28, Obras, III, p. 130, 132.
[20] Imitação de Cristo, 1. 3, c. 37.
[21] Sta. Teresa, Libro de la vida, c. 39, Obras, I, p. 355.

turas e o Criador? O venerável Luís da Ponte envergonhava-se de dizer a Deus: "Senhor, eu vos amo acima de tudo, mais do que todas as riquezas, honras, amigos, parentes". Parecia-lhe dizer a Deus: "Senhor, eu vos amo mais do que o lodo, mais do que a fumaça, mais do que os vermes da terra"[22].

Deus é todo bondade para aqueles que o buscam: "O Senhor é bom para quem o procura"[23], isto é, para a pessoa que só deseja a Deus. Feliz perda e feliz conquista! Perder as coisas mundanas que não satisfazem o coração e acabam rapidamente, para conquistar a suma e eterna felicidade, Deus!

Conta-se que um príncipe viu um homem piedoso em um lugar deserto, como quem procura alguma coisa. Surpreendido de o ver assim vagando, perguntou-lhe quem era e o que estava fazendo. Ele lhe respondeu:

– E o senhor, o que está fazendo neste deserto?

– Eu? Eu ando à caça de animais.

– Eu – respondeu-lhe o solitário – ando à caça de Deus.

Dizendo isso, continuou para frente e seguiu seu caminho[24].

Este deve ser, ainda nesta vida, nosso único pensamento, nosso único propósito: procurar a Deus para amá-lo, conhecer sua vontade para cumpri-la, afastando do coração todo o afeto às criaturas.

Quando se apresentar diante de nós algum bem da terra para atrair nosso amor, estejamos prontos para lhe dizer: "Renunciei, por amor a Jesus Cristo, a todas as grandezas deste mundo e a todas as suas ilusões[25]. O que são todas as dignidades e grandezas deste mundo, senão fumaça, lodo e vaida-

---

[22] Sentimenti e lumi spirituali del Ven. P. Luigi da Ponte, § 8, n. 33.

[23] Lm 3,25.

[24] S. Euschero, Epístola de laude eremi, n. 4. ML 500-703.

[25] Pontificale Romanum, De benedictione et consecratione Virginum.

de que desaparecem com a morte? Feliz daquele que pode dizer: "Jesus, deixei tudo por seu amor. Você é meu tudo, só você me basta".

Amor que purifica

Quando o amor de Deus se apossa totalmente de uma pessoa, ela – ajudada pela graça – procura por si mesma desfazer-se de todas as coisas que lhe dificultam ser inteiramente de Deus. Dizia São Francisco de Sales que quando uma casa está em chamas, jogam-se pela janela todos os móveis[26]. Quando alguém se dá inteiramente a Cristo, procura desprender-se de todo o apego às coisas da terra, sem precisar das exortações dos padres quando pregam ou confessam. O Padre Segneri Júnior dizia que o amor de Deus é um ladrão que nos tira tudo, para só nos fazer possuir Deus[27]. Certo homem tinha renunciado a seus bens e era pobre por amor de Jesus Cristo. Perguntou-lhe, então, um amigo como se tinha reduzido a tamanha pobreza. Ele tirou do bolso o livro do Evangelho e lhe disse: "Aqui está, isto é que me despojou de tudo"[28].

"Se um homem der todas as riquezas de sua casa por amor, ele as desprezará como se não tivesse dado nada."[29] Realmente quando alguém coloca toda a sua afeição em Deus, despreza tudo: riqueza, prazeres, dignidades, autoridade, reinos, não querendo nada senão a Deus. Diz e repete sempre: "Meu Deus, só a vós quero e nada mais". Escreve

---

[26] Camus, Esprit de S. François de Sales, part. 3, c. 27.
[27] Galluzzi, S.I., Vita, 1. 4, c. 1 – P. Segneri Jr.
[28] Pedro Blésio, Sermo 46. In festo Omnium Sanctorum sextus, ML 207-699, 700.
[29] Ct 8,7.

São Francisco de Sales: "O amor puro de Deus consome tudo o que não é de Deus para transformar tudo nele, pois tudo o que faz por amor de Deus é amor"[30].

"O Rei introduziu-me na adega de vinho e ordenou em mim a caridade."[31] Esta adega de vinho, explica Santa Teresa, é a amizade de Deus que, tomando conta de um coração, o faz ficar fora de si, esquecido de todas as criaturas[32].

Um homem embriagado é como um morto nos sentidos, não vê, não ouve, não fala. Uma alma embriagada de Deus é também assim: quase não sente as coisas do mundo, não quer pensar nem falar senão de Deus, não tem outro interesse senão amar e agradar a Deus. No Livro dos Cânticos, o Senhor ordena que não se acorde sua esposa que está dormindo: "Eu vos suplico... não perturbeis o descanso de minha amada, nem a façais despertar"[33]. Este sono feliz, explica São Basílio, experimentado pelas almas esposas de Jesus Cristo, não é outra coisa "senão o esquecimento completo de tudo"[34]. E um esquecimento virtuoso e voluntário de todas as criaturas para pensar só em Deus e poder dizer, como São Francisco: "Meu Deus e meu tudo".

Meu Deus, que adiantam as riquezas, as honras, os bens deste mundo? Vós sois meu tudo e todo o meu bem. Assim se expressa Tomás de Kempis: "Meu Deus e meu tudo!" Que belas palavras. Para quem as entende, já está dito tudo. Para quem ama, é sempre agradável repetir "meu Deus e meu tudo..."[35].

---

[30] S. Francisco de Sales, Oeuvres, XXI, Lettre 1966, à la Mère de Chantal.
[31] Ct 2,4.
[32] Sta. Teresa, Conceptos del amor de Dios, c. 6, Obras. IV.
[33] Ct 2,7.
[34] Regulae fusius disputatae, Interrogatio 6. Opera, tom. 2. MG 31-925.
[35] Imitação de Cristo, l. 3, c. 34.

Portanto, para se chegar a uma perfeita intimidade com Deus, é necessário um desapego total das criaturas. Falando mais detalhadamente, é preciso que nos desprendamos das afeições desordenadas a nossos parentes.

Disse Jesus Cristo: "Se alguém vir após mim, e não odeia seu pai, sua mãe, mulher e filhos, irmãs, irmãos e até mesmo sua vida, não poderá ser meu discípulo"[36]. Por que este "ódio" aos parentes?

Muitas vezes, quando se trata de bens espirituais, nossos maiores inimigos podem ser nossos parentes: "Os inimigos do homem serão as pessoas de sua própria casa"[37]. São Carlos Borromeu dizia que indo à casa de seus parentes, voltava sempre espiritualmente mais frio[38]. Perguntaram, certa vez, ao padre Antônio Mendozza porque não queria pousar na casa de seus parentes. Ele respondeu: "Porque eu sei por experiência que em lugar nenhum os religiosos perdem tanto a piedade como em casa de seus parentes"[39].

A vocação

Tratando-se da escolha de nossa vocação, não somos obrigados a obedecer a nossos pais[40]. "Se um jovem é chamado à vida religiosa e seus pais se opõem, é obrigado a obedecer a Deus e não aos pais que, por interesse ou moti-

---

[36] Lc 14,26.

[37] Mt 10,36.

[38] Giussano, Vita, 1. 8, c. 11.

[39] Patrignani – Menologio di C. di G., 24 Maggio.

[40] Sto. Tomás, Sum. Theol. II-II, q. 180, a. 6, c.

vos particulares, prejudicam seu bem espiritual. Frequentemente, os parentes impedem a perfeição espiritual"[41], preferem até – diz São Bernardo – que os filhos se percam a deixarem a sua casa.

Nesse assunto, como é estranho ver certos pais e mães, mesmo tementes a Deus, mas enlouquecidos pela paixão, esforçarem-se por impedir a vocação religiosa de seus filhos. Não deixam de empregar todos os meios para isso. A não ser em algum caso raríssimo, eles não podem se isentar de um pecado mortal. Mas dirá alguém:

– "Então, se esse jovem não se fizer religioso, não pode se salvar? Sendo assim, todas as pessoas que ficam no mundo se condenam?"

Eu respondo:

– Aqueles que não são chamados por Deus à vida religiosa, salvar-se-ão no mundo, cumprindo as obrigações de sua vocação. Mas os que são chamados e não obedecem a Deus, poderiam, sim, salvar-se, mas dificilmente se salvarão. Isto porque lhes faltarão aqueles auxílios especiais que o Senhor lhes tinha preparado na vocação religiosa. Sem esses auxílios não conseguirão salvar-se. Escreve o teólogo Habert que quem não obedece à vocação de Deus, fica na Igreja como um membro fora de seu lugar. Dificilmente poderá cumprir sua missão e, portanto, alcançar a salvação: "Não poderá, sem grandes dificuldades, cuidar de sua salvação."[42] E conclui: "Ainda que absolutamente possa se salvar, contudo, dificilmente tomará o caminho do céu e usará dos meios da salvação"[43].

---

[41] Sto. Tomás, Sum. Theol. II-II, q. 180, a. 10 ad 2.

[42] Lud. Habert, Theologia dogmatica et moralis, De sacramento Ordinis, pars 3, c. 1, g2.

[43] Ibidem.

A escolha da vocação é chamada pelo padre Granada de "roda mestra". No relógio, estragada a roda mestra, todo o relógio fica desacertado. Do mesmo modo, quando se trata de nossa salvação, estando errada nossa vocação, toda a nossa vida ficará desacertada. Tantos pobres jovens perderam sua vocação por causa dos pais; tiveram um mau fim e se tornaram a ruína da casa.

Certo jovem perdeu a vocação religiosa por instigação de seu pai. Mais tarde teve com o próprio pai grandes brigas, chegando a matá-lo com suas próprias mãos. Finalmente, foi justiçado. Um outro, que frequentava o seminário, sentiu-se chamado por Deus a deixar o mundo. Surdo a esse chamado, primeiro deixou a vida piedosa que levava, a oração, a comunhão. Depois entregou-se aos vícios. Finalmente, em uma noite, ao sair da casa de uma mulher, foi morto por seu rival. Veio o sacerdote, mas já o encontrou morto. Quantos exemplos semelhantes a este eu poderia apresentar aqui!

Voltemos a nosso assunto. Santo Tomás aconselha aos vocacionados a não se aconselharem com seus parentes porque, neste assunto, eles se tornam verdadeiros inimigos[44]. Ora, se os filhos não estão obrigados a se aconselhar com os pais, muito menos estão obrigados a esperar a licença deles. Nem a pedir, sempre que possam temer que provavelmente lhes será negada injustamente, resultando com isso um impedimento para seguirem sua vocação. Santo Tomás de Aquino, São Pedro de Alcântara, São Francisco Xavier, São Luís Beltrão e muitos outros santos abraçaram a vida religiosa sem avisarem a seus pais.

---

[44] Sto. Tomás, Contra pestiferam doctrinam retrahentium homines a religionis ingressu.c. 9. Opera Romae, 1570, tom. 17, opusc. 17, fol. 110.

Note-se ainda que, assim como corre grande perigo de condenar-se quem não segue o chamado de Deus só para satisfazer os pais, também corre grande risco quem se ordena padre sem vocação, só para agradar seus parentes. São três os principais sinais para se conhecer a verdadeira vocação sacerdotal: a ciência competente, a reta intenção de buscar só a Deus, e a boa conduta de vida.

O Concílio de Trento, falando especialmente da boa conduta, mandou aos bispos que não promovam às ordens sacras a não ser os já aprovados na virtude e bons costumes[45]. Isso já tinha sido estabelecido por antigas prescrições canônicas[46]. Isso se entende principalmente da constatação externa que o bispo deve fazer a respeito da boa conduta de quem vai ser ordenado. Mas, não se põe em dúvida que o Concílio exige e pede tanto a probidade exterior como a interior. Sem a interior, a probidade exterior não passa de um puro engano e fingimento. Por isso admoesta o Concílio: "Saibam os bispos que ninguém deve ser promovido às ordens sacras sem ser digno, e sem que seu procedimento esteja de acordo com a probidade de vida"[47]. Com a mesma intenção de ter provas completas sobre aquele que vai ser ordenado, o Concílio estabeleceu ainda intervalos entre os diversos graus das ordens "para que aumentem neles, juntamente com a idade, a maturidade da vida e a abundância do saber"[48].

---

[45] Concílio de Trento, Sess. 23, c. 13.

[46] Can. Nullus, Dist. 24.

[47] Concílio de Trento, Sess 23, c. 12.

[48] Ibidem. Sess. 23, c. 11.

Quem é ordenado, é destinado ao ministério de servir a Jesus Cristo na Eucaristia; por isso – diz Santo Tomás – a santidade do sacerdote deve ser maior do que a do religioso[49]. Acrescenta ainda que as "ordens sacras" preexigem santidade[50]. A palavra "preexigem" supõe que o jovem deve ser santo já antes de ser ordenado. Indica, então, o santo a diferença entre a vocação religiosa e a vocação de quem recebe as ordens sacras. Na vida religiosa se purificam os vícios, mas querendo alguém receber as ordens sacras, é preciso que se encontre já purificado por meio de uma vida santa[51]. Explicando esse mesmo pensamento, diz ainda Santo Tomás: "Como os que recebem as ordens sacras são colocados acima do povo, assim devem eles estar acima pelo mérito da santidade"[52]. O santo exige essa santidade de vida antes da ordenação, porque a julga necessária não só para que se possa exercer dignamente as ordens sacras, mas também para que se possa contar dignamente entre os ministros de Cristo. Finalmente conclui: "Na ordenação lhes é concedida maior abundância de graça para que, por meio dela, possam tornar-se idôneos para coisas maiores"[53].

Notemos a expressão "para coisas maiores". Santo Tomás declara que a graça do sacramento, que depois se confere, não será inútil, mas dará ao ordenado maiores auxílios para que se torne capaz de conquistar maiores méritos. Mas

---

[49] Sto. Tomás, Sum. Theol. II-II, q. 184, a. 8, c.
[50] Ibidem, q. 189, a. 1, ad 3.
[51] Ibidem, q. 189, a. 1, ad 3.
[52] Ibidem, III, Suppl. q. 35, a. 1, ad 3.
[53] Ibidem.

exprime que no ordenando se requer a graça precedente, suficiente para torná-lo digno de ser contado entre os membros do povo de Cristo.

Boa conduta

Sobre esse assunto, escrevi[54] uma longa exposição provando que se alguém recebe uma ordem sacra sem a experiência de uma vida exemplar, não pode se isentar de uma grave culpa. Isso porque abraça um estado de vida sem a vocação de Deus. Não se pode dizer chamado por Deus quem se ordena sem estar livre de todo o vício habitual, especialmente contra a castidade. Embora possa receber o sacramento da Penitência, por estar preparado através do arrependimento, em tal estado ainda não está capacitado para receber as ordens sacras. Além disso, é necessária já antes a boa conduta, comprovada com a experiência há mais tempo.

Não pode, igualmente, isentar-se de pecado mortal quem, por grande presunção, assume os sagrados ministérios sem a devida vocação[55]. Grande perigo de condenação corre em semelhante caso, ao se expor assim. "Quem conscientemente, sem ter em conta a vocação de Deus" – como o faz um habituado a qualquer vício grave – "entra como intruso no sacerdócio, colocando-se em evidente perigo de condenação".[56]

Falando do sacramento da Ordem, Soto afirma: "Embora a boa conduta não seja da essência do sacramento, ela é

[54] Sto. Afonso, Teologia Morale, 1. 6, c. 2, ex num. 63.

[55] Entre as Obras de Sto. Anselmo. Ven. Herveus, In Epistolam ad Hebraeos, c. 5, ML 181-1565.

[56] Abelly, Sacerdos christianus, seu Manuductio ad vitam sacerdotalem pie instituendam, pars 1, c. 4.

absolutamente necessária por preceito divino... Tal idoneidade de costumes não se identifica com a disposição geral exigida na recepção de qualquer sacramento para que a graça não encontre obstáculo. O homem que abraça o sacerdócio não só recebe a graça, mas abraça um estado de vida mais sublime. Exige-se, pois, dele a honestidade de vida e o brilho das virtudes"[57]. O mesmo afirmaram Tomás Sanchez, P. Holzman, e os Salmanticenses[58].

O que acabo de escrever não é opinião de algum doutor particular, mas opinião comum; todos se fundamentam na doutrina exposta por Santo Tomás.

Reta intenção

Em tais casos, quando falta experiência de boa conduta de vida, não só peca gravemente quem se ordena, mas também o bispo que o promove às ordens sem a comprovação devida, sem a certeza moral da idoneidade do ordenado. Peca gravemente o confessor que absolve um candidato com maus hábitos e que, sem esta experiência de uma vida virtuosa, pretende receber a ordenação. Pecam gravemente os pais que, sabendo da vida má do filho, os estimulam a se ordenar, movidos por interesses de ajuda à família.

O estado de vida sacerdotal não foi instituído por Jesus Cristo para amparar as casas das pessoas no mundo, mas para promover a glória de Deus e a salvação dos homens. Alguns imaginam que a vida sacerdotal é um ofício ou uma profissão leiga para se promover nas honras ou

---

[57] Dom. Soto, O. P., In IV Sent. Dist. 25 q. 1, a. 4.

[58] Tomás Sanches, Consil., 1. VII, c. 1, d. 46.

bens materiais. Enganam-se. Por isso, quando os pais inquietam o bispo pedindo a ordenação de algum ignorante ou de maus costumes, argumentando que sua casa é pobre e não sabem como fazer, o bispo deve responder-lhes: "Não, meu filho. O estado de vida sacerdotal não foi criado para socorrer a pobreza de casas particulares, mas para o bem da Igreja".

É preciso mandá-los embora, sem lhes dar mais atenção. Tais candidatos indignos são, em geral, não só a ruína de si mesmos, como a ruína da família e das próprias cidades que os acolhem.

Sacerdote diocesano

O sacerdote que vive em sua casa e cujos pais desejam que não se aplique tanto nos trabalhos de seu ministério, mas em aumentar os bens da casa com honrarias e rendimentos, deve dar-lhes uma resposta. Tal resposta é aquela que Jesus Cristo disse a sua Mãe:

– "Não sabíeis que eu devo ocupar-me das coisas de meu Pai?"[59]. Eu sou sacerdote. Meu trabalho não é ajuntar dinheiro e andar à procura de honras, nem administrar os bens da casa, mas sim conservar-me no recolhimento, rezar, estudar e ajudar as almas.

Acontecendo que haja necessidade urgente de amparar seus pais, deverá fazê-lo quanto lhe for possível, mas sem abandonar sua tarefa principal: sua própria santificação e a santificação dos outros.

---

[59] Lc 2,49.

Quem deseja ser todo de Deus, deve desprender-se da estima mundana. Quantos se afastam de Deus e quantos até o perdem por causa desta maldita estima! Por exemplo, ouvindo falar de alguns dos próprios defeitos, fazem tudo para se justificar e fazer acreditar que é falsidade e calúnia o que dizem. Se praticam algum bem, o que não fazem para o tornar conhecido de todos? Desejariam que todo o mundo soubesse, para serem louvados.

O modo de agir dos santos é bem diferente. Gostariam que todo o mundo conhecesse seus defeitos para tê-los como pobres pecadores, como eles mesmos se julgam. Se praticam alguma virtude, gostariam que só Deus soubesse, pois, só a Ele desejam agradar. Por isso, eles amam tanto a vida escondida, lembrados do ensinamento de Jesus: "Quando dás esmola, não saiba tua mão esquerda o que faz a direita... Quando fazes oração, entra em teu quarto, fecha a porta e reza a teu Pai em segredo"[60].

É preciso, principalmente, desprendermo-nos de nós mesmos, isto é, de nossa própria vontade. Quem vence a si mesmo, facilmente vencerá todas as dificuldades. São Francisco Xavier costumava dar a todos o conselho: "Vence a ti mesmo"[61]. Jesus mesmo disse: "Se alguém quer me seguir, renuncie a si mesmo"[62].

Nisso consiste tudo o que precisamos fazer para sermos santos; renunciar a nós mesmos e não seguir nossa vontade

---

[60] Mt 6,3-6.

[61] Bartoli, Vita di S. Ignazio, 1. 4, § 12.

[62] Mt 16,24.

própria. "Não te deixes levar por tuas más inclinações, e refreia os teus apetites."[63] Dizia São Francisco de Assis que essa é a maior graça que uma pessoa pode receber de Deus, vencer a si mesma, renunciando à própria vontade[64]. São Bernardo escreve que se os homens fizessem guerra à vontade própria, ninguém se condenaria: "Desapareça a vontade própria e não haverá inferno[65]. Grande mal é a vontade própria que faz com que tuas boas ações não sejam boas para ti"[66].

Assim seria se um penitente quisesse fazer alguma mortificação, jejuns, mas contra a orientação de seu diretor espiritual. Essa mortificação, realizada para seguir a própria vontade, torna-se um defeito. Infeliz daquele que vive escravo da própria vontade. Desejará muitas coisas e não poderá alcançá-las; outras vezes, recusará os sofrimentos e, no entanto, terá que suportá-los: "Donde vêm as lutas e questões entre vós? Não vêm elas de vossas paixões que combatem em vossos membros? Cobiçais e não recebeis; sois invejosos e ciumentos, e não conseguis o que desejais"[67].

A primeira guerra vem-nos das paixões sensuais. Fujamos das ocasiões, mortifiquemos nossos olhares, encomendemo-nos a Deus e a guerra acabará.

A segunda guerra vem-nos da cobiça das riquezas. Esforcemo-nos por amar a pobreza, e a guerra terminará.

A terceira guerra vem-nos da ambição pelas honras. Amemos a humildade, a vida oculta e a guerra acabará.

---

[63] Eclo 18,30.

[64] S. Francisco de Assis, Opusculum de vera et perfecta laetitia. Opera, tom. 1, p. 16, col. 2.

[65] S. Bernardo, In tempore Resurrectionis, sermo 3, n. 3. ML 183-289, 290.

[66] Idem, In Cantica, sermo 71, n. 14. ML 183-1128.

[67] Tg 4,1-2.

A quarta guerra, a mais prejudicial, vem-nos da vontade própria. Sejamos resignados com a vontade de Deus em tudo que acontece e a guerra chegará a seu fim.

Escreve São Bernardo que quando se vê uma pessoa perturbada, a causa da perturbação não é outra coisa senão a incapacidade de satisfazer a própria vontade: "Donde vêm as perturbações, senão do fato de seguirmos nossa vontade própria?"[68]. É o que diz o Senhor através de Santa Maria Madalena de Pazzi: "Certas pessoas querem meu Espírito, mas querem-no como lhes agrada; tornam-se assim incapazes de recebê-lo"[69].

União com Deus

É preciso amar a Deus como Ele quer, e não como nós queremos. Deus quer que o coração esteja despojado de tudo, para se unir a Ele e se saciar de seu amor.

Diz Santa Teresa: "A oração de intimidade com Deus não é outra coisa senão um morrer quase total a todas as coisas do mundo para alegrar-se só em Deus. Quanto mais nos esvaziamos das criaturas, quanto mais nos desprendemos delas por amor a Deus, tanto mais Ele nos saciará dele mesmo e mais estaremos unidos com Ele"[70].

Muitas pessoas desejam chegar à união com Deus, mas não querem as dificuldades que Deus lhe permite. Não querem as doenças que as afligem, nem a pobreza que sofrem, nem as ofensas que recebem. Sem a resignação, jamais con-

---

[68] S. Bernardo, Sermones de viversis, sermo 26, n. 3. ML 183-611.

[69] Puccini, Vita, part. 3, p. 17, 18.

[70] Sta. Teresa, Moradas quintas, Obras, IV, c. 1, p. 70; c. 2, p. 78, 79. Camino de perfección, c. 28, Obras, III, p. 133, 134.

seguirão unir-se perfeitamente a Deus. Dizia Santa Catarina de Gênova: "Para chegar à união com Deus, são necessárias as dificuldades mandadas por Ele. Por meio delas, Ele espera destruir em nós as paixões internas e externas. Por isso, todos os desprezos, as doenças, a pobreza, as tentações, todas as dificuldades, tudo nos é necessário. Assim teremos de lutar e por meio das vitórias, nossas paixões se enfraquecerão a tal ponto, que não mais as sentiremos. Enquanto as dificuldades não nos parecem amargas, mas suaves por amor a Deus, não chegaremos à união com Ele"[71].

A mortificação

Diz São João da Cruz que para a perfeita união com Deus "é necessária a mortificação total de nossos sentidos e paixões. Qualquer que seja a satisfação que se apresente aos nossos sentidos, se não é puramente para a glória de Deus, deve logo ser afastada por amor a Jesus Cristo. Quanto a nossos desejos, esforcemo-nos por inclinarmo-nos para o pior, o mais desagradável, o mais pobre, sem desejar outra coisa do que sofrer e ser desprezado"[72].

Resumindo, quem ama verdadeiramente a Jesus Cristo, não se apega aos bens da terra e procura despojar-se de tudo para se conservar unido só a Jesus Cristo. Para Jesus Cristo dirige todos os seus desejos, pensa sempre nele, procura agradar-lhe em todo o lugar, em todo o tempo, em toda a ocasião.

Mas, para se chegar a isso, é preciso esforçar-se continuamente para esvaziar o coração de todo o afeto que não se dirige para Deus.

---

[71] Sta. Catarina de Génova, Vita, c. 29.

[72] S. João da Cruz, Salita del Monte Carmelo, 1. 1, c. 13.

Pergunto: O que deve fazer uma pessoa que se dá toda a Deus? Deve fugir de tudo o que ofende a Deus e fazer tudo o que mais lhe agrada. Deve, depois, acolher sem exceção tudo o que vem de suas mãos, por mais duro e desagradável que seja. Deve, enfim, preferir em todas as coisas a vontade de Deus e não a nossa própria vontade. Isso é o que se requer para ser todo de Deus.

ORAÇÃO

Meu Deus e meu tudo. Apesar de minhas ingratidões e negligências em vos servir, continuais a me atrair a vosso amor. Aqui estou, não quero resistir mais. Quero renunciar a tudo para pertencer só a vós. Além de tudo, vós me tendes obrigado a vos amar. Eu me encantei convosco e quero vossa amizade.

Como posso amar outra coisa, depois de vos ter visto morrer de dor em uma cruz para me salvar? Como poderei contemplar-vos morto, consumido nos sofrimentos, sem vos querer bem com todo o meu coração? Sim, Redentor meu, amo-vos com toda a minha alma e não tenho outro desejo senão vos amar nesta vida e por toda a eternidade.

Jesus, minha esperança, minha força e meu consolo, dai-me força para que eu vos seja fiel. Dai-me luz, fazei-me conhecer as coisas de que devo me desapegar; ajudai-me para que em tudo eu queira vos obedecer.

Jesus, eu me ofereço e me abandono inteiramente em vós, satisfazendo o desejo que tendes de unir-vos comigo, a fim de unir-me convosco, meu Deus e meu tudo! Vinde Jesus, possuí todo o meu ser, atraí para vós todos os meus pensamentos e todos os meus afetos!

Renuncio a todos os meus caprichos, a todas as consolações, a todas as criaturas; só vós me bastais. Dai-me a graça de não pensar senão em vós, não desejar senão a vós, não buscar senão a vós, meu Deus e único bem.

Maria, Mãe de Deus, alcançai-me a santa perseverança!

CAPÍTULO XII

QUEM AMA A JESUS CRISTO, NÃO SE IRRITA COM O PRÓXIMO

"*A caridade não se irrita.*" A virtude de não se irritar, nas contrariedades que acontecem, é filha da mansidão. Já falamos bastante nos capítulos anteriores sobre os atos de mansidão. Por ser uma virtude que deve ser continuamente praticada por quem vive no meio dos homens, trataremos aqui apenas de alguns pontos mais particulares, mais úteis na prática.

A humildade e a mansidão foram as virtudes mais estimadas por Jesus Cristo. Por isso, ele disse a seus discípulos: "Aprendei de mim, que sou manso e humilde de coração"[1].

Nosso Redentor foi chamado cordeiro: "Eis o Cordeiro de Deus"[2], não só pelo sacrifício que devia fazer na cruz para satisfazer por nossos pecados, mas também pela mansidão manifestada em toda a sua vida, especialmente em sua paixão. Na casa de Caifás, recebeu uma bofetada daquele servo que, ao mesmo tempo, o tratava como um atrevido: "Assim respondes ao pontífice?" Jesus só disse estas humildes palavras: "Se falei mal, dize-me em que; se falei bem, por que me bates?"[3] Esta mansidão Ele continuou a vivê-la até a morte. Pregado na cruz, enquanto

[1] Mt 11,29.
[2] Jo 1,29.
[3] Jo 18,22-23.

todos caçoavam e praguejavam, Ele apenas dizia ao Pai Eterno que lhes perdoasse: "Pai, perdoai-lhes, porque não sabem o que fazem"[4].

Coração manso

Como são caros a Jesus Cristo os corações mansos. Recebendo ofensas, desprezos, calúnias, perseguições e até mesmo pancadas e ferimentos, não se irritam contra quem os injuria ou maltrata.

"Sempre lhe agradaram as súplicas dos mansos."[5] As preces dos bondosos de coração sempre são aceitas por Deus, isto é, Ele nunca deixa de atendê-las. A eles, de modo especial, está prometido o céu: "Bem-aventurados os mansos, porque eles possuirão a terra"[6]. Dizia o Padre Alvarez que o paraíso é a pátria dos desprezados, perseguidos e oprimidos. A eles, e não aos orgulhosos, que são honrados e estimados pelo mundo, está reservada a posse daquele reino eterno[7].

"As pessoas bondosas não só alcançarão a felicidade eterna na outra vida, mas já nesta terra gozarão de uma grande paz."[8] Isso é verdade, porque os santos não guardam ódio de quem os maltrata, mas os amam mais do que antes. O Senhor, em recompensa a sua paciência, aumenta-lhes a paz interior. Dizia Santa Teresa: "As pessoas que falam mal de mim, parece que eu as amo com mais amor"[9]. Mais tarde, disseram

---

[4] Lc 23,34.

[5] Jt 9,16.

[6] Mt 5,4.

[7] B. Alvarez, Vita, c. 40, § 1.

[8] Sl 36,11.

[9] Sta. Teresa, Relacion II e III, Obras, II, p. 14, 18.

dela: “As ofensas eram para ela alimento de amor”[10], isto é, as ofensas davam-lhe mais oportunidades para mais amar aquelas pessoas que mais a ofendiam.

Tal mansidão só possui quem tem grande humildade e pouco conceito de si mesmo, pelo que julga merecer todo o desprezo. Por isso mesmo, os orgulhosos são sempre raivosos e vingativos, porque julgam-se bons e acreditam ser merecedores de toda a honra.

Morrer no Senhor

“Bem-aventurados os que morrem no Senhor.”[11] É preciso morrer no Senhor para ser bem-aventurado, para gozar a felicidade desde esta vida. Essa felicidade é a que podemos ter já antes de ir para o céu, muito menor na certa do que a alegria do céu, mas que supera a todos os prazeres sensíveis desta vida: “A paz de Deus, que vai além de toda a compreensão, guarde vossos corações e vossos espíritos”[12].

Para alcançar essa paz, mesmo no meio das ofensas e calúnias, é preciso estar morto no Senhor. O morto, ainda que maltratado e desprezado pelos outros, não se ressente. Também a pessoa mansa de coração, como o morto, não vê nem ouve, procura suportar todos os desprezos. Quem ama de coração a Jesus Cristo chegará facilmente a isso. Unido inteiramente com a vontade de Deus, com a mesma paz e a mesma tranquilidade, recebe as coisas favoráveis e as desfavoráveis, as alegrias e as tristezas, as injúrias e os louvores. Assim fez

[10] Atas autênticas da canonização de Sta. Teresa.
[11] Ap 14,13.
[12] Fl 4,7.

São Paulo que podia dizer: "Estou cheio de alegria no meio de minhas tribulações"[13].

Feliz aquele que atinge esse grau de virtude! Goza de uma paz contínua, que é bem maior que os outros bens do mundo. Dizia São Francisco de Sales: "Que vale todo o mundo em comparação com a paz do coração?"[14] Realmente, o que adiantam todas as riquezas e todas as honras do mundo para quem vive inquieto e sem paz no coração?

Para estarmos sempre unidos com Jesus Cristo, é preciso fazermos tudo com tranquilidade, sem nos inquietarmos com alguma dificuldade que se apresente: "O Senhor não está na agitação"[15]. Deus não mora nos corações agitados!

Vejamos os belos ensinamentos que nos dá o mestre da mansidão, São Francisco de Sales: "Nunca vos irriteis, nem mesmo abrais a porta à cólera por qualquer motivo. Se ela entrar em nós, já não poderemos expulsá-la nem dominá-la, quando quisermos. Os meios para isso são: primeiro, afastar imediatamente a cólera, desviando a atenção para outra coisa e calando-se. Segundo, imitando os apóstolos quando viram a tempestade, recorrer a Deus a quem pertence pôr o coração em paz. Terceiro, se a cólera, por vossa fraqueza, já colocou o pé em vosso coração, esforçai-vos por vos tranquilizar e, depois, praticai atos de humildade e de mansidão para com a pessoa com quem vos sentis irritados. Tudo isso deve ser feito com suavidade e sem violência, porque é importante não irritar mais as feridas"[16].

O próprio São Francisco de Sales dizia que precisou se esforçar durante toda a sua vida para vencer duas paixões

---

[13] 2Cor 7,4.

[14] S. Francisco de Sales, Carta 1390, Obras, XVIII.

[15] 1Rs 19,11.

[16] S. Francisco de Sales, Introduction à la vie dévote, partie 3, c. 8.

que o dominavam: a cólera e o amor. Para vencer a paixão da cólera, confessava ter se esforçado durante vinte e dois anos. Quanto à paixão do amor, tinha procurado modificar o objeto, deixando as criaturas e dirigindo todos os seus afetos a Deus. Desse modo alcançou uma paz interior tão grande que até mesmo exteriormente a demonstrava, apresentando quase sempre um rosto sereno e um sorriso nos lábios[17].

A paz no coração

"De onde vem a guerra, senão de vossas concupiscências?"[18] Quando alguém fica tomado de cólera por qualquer contrariedade, pensa encontrar alívio e paz desafogando sua raiva com atos ou, ao menos, com palavras. É um engano porque, depois desse desabafo, ficará muito mais perturbado do que antes. Quem deseja conservar-se em paz contínua, procure jamais estar de mau humor. Percebendo estar dominado por ele, procure libertar-se imediatamente e não o deixe dormir consigo nem uma noite, distraindo-se com alguma leitura, um canto piedoso, ou a conversa agradável de algum amigo.

Diz a Sagrada Escritura: "É no coração dos insensatos que reside a irritação"[19]. A cólera no coração dos insensatos, que pouco amam a Jesus Cristo, encontra morada por muito tempo. Mas no coração daqueles que amam a Jesus Cristo, se por acaso entrar, é logo expulsa e não permanece. Quem ama a Jesus de coração, nunca está de mau humor. Não querendo senão o que Deus quer, sempre tem tudo o que quer e

---

[17] Sta. Joana de Chantal, Déposition pour la béatification et canonisation de S. François, a. 37. Vie et Oeuvres de Sainte, III, 185, 186.

[18] Tg 4,1.

[19] Eclo 7,9.

por isso se encontra sempre tranquilo e sempre o mesmo. A vontade de Deus o tranquiliza em todas as dificuldades que acontecem, e por isso demonstra para com todos uma total mansidão. Essa mansidão não pode ser alcançada sem um grande amor a Jesus Cristo. De fato, percebe-se que nunca somos mais delicados e mansos com os outros, do que quando sentimos maior ternura a Jesus Cristo.

Por não experimentarmos sempre essa ternura, é preciso que na oração mental nos preparemos para sofrer as contrariedades que nos possam sobrevir. Assim fizeram os santos e ficaram prontos para receber com paciência e mansidão as ofensas, os insultos e as mágoas.

No momento em que somos atingidos pelos insultos do próximo, se não estivermos preparados, dificilmente saberemos o que fazer para não sermos vencidos pela raiva. A paixão nos fará julgar razoável rebater com atrevimento, o atrevimento de quem nos maltrata sem razão. Mas diz São João Crisóstomo que não é um meio adequado para apagar um fogo aceso no coração do próximo, usar o fogo de uma resposta ressentida, que mais o inflama: "Fogo não se apaga com fogo"[20].

– Mas não é justo – dirá alguém – usar delicadeza e mansidão com um atrevido que nos ofende sem razão.

"É preciso usar de mansidão – responde São Francisco de Sales – não só com a razão, mas também contra a razão."[21]

Nesses casos é preciso responder com uma palavra branda; esse é o meio de apagar o fogo: "A resposta mansa aplaca

[20] S. João Crisóstomo, In Genesim, hom. 58, n. 5.

[21] S. Francisco de Sales, Carta 2090, Obras, XXI.

a ira"[22]. Mas, quando nosso ânimo está agitado, o melhor é calar-se. Diz São Bernardo: "A vista ofuscada pela raiva não enxerga direito"[23]. Os olhos ofuscados pela ira já não veem o que é justo ou injusto. A paixão é como um véu colocado diante dos olhos não nos permitindo distinguir o certo do errado. "É necessário fazer um contrato com a língua, de não falar quando meu coração estiver agitado."[24]

Corrigir com amor

Algumas vezes é necessário corrigir um insolente com palavras ásperas. Diz a Sagrada Escritura: "Irai-vos, mas sem pecar"[25]. Às vezes, é lícito ficar irado, mas sem pecar e aí é que está a dificuldade. Teoricamente falando, pode parecer em certos momentos conveniente falar ou responder com aspereza para fazer alguém entrar em si. Na prática é muito difícil conseguir isto sem uma falta nossa. O caminho seguro é o chamar a atenção ou responder com brandura e estar atento para não se deixar levar pela raiva. "Eu nunca me deixei conduzir pela ira – dizia São Francisco de Sales – sem que logo me tenha arrependido."[26]

Quando nos sentimos ainda perturbados, como disse acima, o caminho mais seguro é calar, reservando a resposta ou admoestação para um momento mais oportuno, quando o coração estiver mais sossegado.

Devemos especialmente praticar a mansidão ao sermos corrigidos por nossos superiores ou amigos. Escreve São Fran-

---

[22] Pr 14,1.

[23] S. Bernardo, De consideratione ad Eugenium, PP., 1. 2, c. 11, ML 182-755.

[24] Hamon, Vie, 6, c. 4.

[25] Sl 4,5.

[26] S. Francisco de Sales, Obras, XVIII, Carta 1310.

cisco de Sales: "Aceitar de bom grado as repreensões é sinal de que amamos as virtudes contrárias aos defeitos de que somos corrigidos. É um grande sinal de progresso na perfeição"[27].

É preciso também usar de mansidão para com nós mesmos. O demônio mostra-nos como coisa louvável o ficar com raiva de nós mesmos quando cometemos uma falta. Mas não; isso é tentação dele que se esforça para nos inquietar a fim de que não possamos fazer nenhum bem. Dizia São Francisco de Sales: "Tende por certo que todos os pensamentos, que nos trazem inquietação, não vêm de Deus, príncipe da paz. Eles vêm ou do demônio ou do amor-próprio ou da estima desregrada que temos de nós mesmos. São essas as três fontes de onde brotam todas as nossas perturbações. Por isso, quando aparecem pensamentos que nos inquietam, é necessário rejeitá-los e desprezá-los logo"[28].

A mansidão também nos é muito necessária quando temos que repreender os outros. Admoestações feitas com zelo amargo causam mais frequentemente mais prejuízo do que proveito, principalmente estando perturbada a pessoa a ser corrigida. Deve-se então retardar a correção e esperar uma oportunidade em que esteja acalmado o fogo da raiva.

Deixemos, ainda, de corrigir os outros, quando estamos de mau humor. Nesse estado, a admoestação será sempre feita com aspereza. A pessoa, vendo-se repreendida desse modo, fará pouco caso da admoestação, por ser feita sem paixão. Isto vale tratando-se do bem do próximo. No que se refere a nosso proveito, mostremos que amamos a Jesus Cristo, suportando com paz e alegria os maus-tratos, as injúrias e os desprezos.

---

[27] Camus, Esprit de S. François de Sales, part. 16, c. 19.

[28] S. Francisco de Sales, Letre 280, Oeuvres, XVIII.

ORAÇÃO

Meu Jesus desprezado, amor e alegria de minha vida. Com vosso exemplo, tornastes possível aos que vos amam, amar também os desprezos. De hoje em diante eu vos prometo sofrer, por vosso amor, todas as ofensas, já que por meu amor fostes tão injuriado pelos homens, neste mundo. Dai-me forças para realizá-lo, fazei-me conhecer e praticar tudo o que desejais de mim.

Meu Deus e meu tudo, não quero procurar outro bem fora de vós, bondade infinita. Vós que cuidais tanto de meu progresso, fazei que eu não tenha outro cuidado senão o de vos dar alegria. Fazei que meus pensamentos sejam empregados sempre em fugir de tudo o que vos ofenda, em procurar o modo de vos agradar em tudo. Afastai de mim toda a ocasião que me afaste de vosso amor. Privo-me de minha liberdade e a consagro toda a vossa divina vontade.

Eu vos amo, bondade sem-fim. Verbo encarnado, amo-vos mais do que a mim mesmo. Tende piedade de mim e curai todas as feridas de que sofre minha alma por causa das ofensas que vos fiz. Abandono-me inteiramente em vossos braços, meu bom Jesus: quero vos pertencer, quero sofrer por vosso amor; só a vós desejo.

Maria, Virgem santa e minha Mãe, eu vos amo e em vós confio. Socorrei-me com a vossa poderosa intercessão!

CAPÍTULO XIII

QUEM AMA A JESUS CRISTO SÓ QUER O QUE ELE QUER

"*A Caridade não suspeita mal, não se alegra com a injustiça, mas com a verdade.*"

A caridade anda sempre unida com a verdade. Por isso, a caridade, reconhecendo a Deus como único e verdadeiro bem, detesta o mal por ser oposto à vontade divina e não se alegra com nada que não seja a vontade de Deus. Quem ama a Deus, pouco se preocupa do que digam, e só procura fazer o que agrada a Deus. "Quem se esforça por satisfazer à verdade realmente está bem com Deus; e não se importa, qualquer que seja o modo em que seja tratado ou julgado pelos homens."[1]

Já temos dito muitas vezes que toda a santidade e perfeição de uma alma consiste em renunciar a si mesma e em seguir a vontade de Deus. Mas aqui convém falar disso mais expressamente.

Se queremos ser santos, todo o nosso esforço deve ser de nunca seguir nossa vontade, mas sempre a vontade de Deus; o resumo de todos os preceitos e conselhos divinos se reduz em fazer e sofrer aquilo que Ele quer e como Ele quer. Peçamos, portanto, ao Senhor que nos dê a santa liberdade de espírito.

A liberdade de espírito faz-nos abraçar todas as coisas que agradam a Jesus Cristo, apesar de qualquer repugnância

---

[1] De Veritate dialogus. Appendix quarumdam sublimium quaestioum, c. 16. Opera, p. 321 – B. Henrique Suso.

do amor-próprio ou do respeito humano. O amor a Jesus Cristo coloca aqueles que o têm em uma total indiferença. Para eles tudo é igual, o doce e o amargo: não querem nada do que lhes agrada e querem tudo o que agrada a Deus. Com a mesma paz se ocupam nas coisas grandes e nas pequenas, nas agradáveis e nas desagradáveis. Basta-lhes agradarem a Deus.

Diz Santo Agostinho: "Ama a Deus e faze o que quiseres"[2].

Quem ama a Deus de verdade não procura senão agradar a Deus, e nisto está seu contentamento, dar satisfação a Deus. Escreve Santa Teresa: "Quem procura agradar a quem ama, anda contente com tudo que o agrada. Quando o amor é perfeito, tem a força de fazer a pessoa esquecer toda a vantagem própria e toda a satisfação. Faz tudo para dirigir seus pensamentos a fim de agradar aquele que ama. Procura honrá-lo como pode, por si mesmo e através dos outros.

Ah! meu Senhor! Todo o mal nos vem de não termos os olhos fixos em vós! Se não pensássemos senão em caminhar, em breve chegaríamos ao fim. Mas caímos e tropeçamos mil vezes e, ainda mais, erramos o caminho porque não olhamos com atenção a verdadeira estrada"[3].

Eis, contudo, qual deve ser a única finalidade de todos os nossos pensamentos, ações, desejos e orações: agradar a Deus. Nosso caminho para a santidade deve ser esse, andar junto com a vontade de Deus.

---

[2] Sto. Agostinho, In Epist. Ioannis ad Parthos, tract. 7, c. 4, n. 8. ML 35-2033.
[3] Sta. Teresa, Las Fundaciones, c. 5: Obras, V-Camino de perfección, c. 16: Obras, III.

Deus quer que o amemos de todo o coração: "Amarás o Senhor, teu Deus, de todo o teu coração"[4]. Ama a Jesus Cristo de todo o coração quem lhe diz de verdade, como disse São Paulo: "Senhor, que quereis que eu faça?"[5]. Senhor, fazei-me conhecer o que desejais de mim, pois eu quero fazer tudo.

Estejamos certos de que, querendo o que Deus quer, estamos querendo nosso maior bem. É coisa certa, Deus não quer senão o que é melhor para nós.

Dizia São Vicente de Paulo: "A conformidade com a vontade divina é o tesouro do cristão e o remédio para todos os seus males, porque contém a renúncia de si mesmo, a união com Deus e todas as virtudes"[6]. Eis, em resumo, onde está toda a santidade: "Senhor, que quereis que eu faça?" Jesus mesmo nos promete: "Não se perderá um só cabelo de vossa cabeça", o que quer dizer, o Senhor recompensa todo o pensamento que tenhamos de lhe agradar, toda a tribulação que aceitemos com boa intenção, conformando-nos com sua santa vontade. Dizia Santa Teresa: "O Senhor nunca nos manda um sofrimento sem nos recompensar com alguma graça, desde que o aceitemos com resignação"[7].

Nossa conformidade com a vontade divina deve ser total, sem condição, constante e irrevogável. Nisso consiste o máximo da perfeição, e repito, a isto devem tender todas as nossas ações, todos os nossos desejos, todas as nossas preces.

---

[4] Mt 22,37.

[5] At 9,6.

[6] Abelly, Vie, 1. 3, c. 5: S. Vicente de Paulo.

[7] Sta. Teresa, Libro de la Vida, c. 30. Obras I.

Algumas pessoas piedosas, lendo os êxtases e arroubos de Santa Teresa, São Filipe Néri e outros santos, desejariam ter essas experiências espirituais. Esses desejos devem ser rejeitados porque são contrários à humildade. Se queremos ser santos, procuremos a verdadeira união com Deus que é unir totalmente nossa vontade à vontade dele. Escreve Santa Teresa: "Enganam-se aqueles que acreditam que a união com Deus consiste em êxtases, arroubos espirituais e gozo de Deus. Ela não consiste em outra coisa, senão em sujeitar nossa vontade à vontade de Deus. Essa sujeição é perfeita quando nossa vontade está desprendida de tudo, e unicamente unida à vontade de Deus". Assim só nos moveremos de acordo com a vontade de Deus. Essa é a verdadeira e indispensável união que sempre tenho desejado e continuamente peço ao Senhor[8]. "Oh! quantos de nós dizem isto; e realmente parece que não queremos, senão isso. Mas, pobres de nós! Como são poucos os que chegam a isso!"[9]

É verdade, muitas vezes dizemos: "Senhor, dou-vos toda a minha vontade, não quero senão o que vós quereis". Mas, quando depois vêm as contrariedades, não sabemos aceitar a vontade divina. Lastimamos a má sorte que temos neste mundo, dizemos que todas as desgraças caem sobre nós, e que levamos uma vida infeliz.

Tudo em Deus

Se estivermos unidos à vontade divina em todas as tribulações, é certo, vamos nos tornar santos e seremos os mais felizes do mundo. Por isso, todo o nosso esforço deve ser este:

---

[8] Sta. Teresa, Las Fundaciones, c. 5. Obras, V, p. 42, 43, 44.

[9] Sta. Teresa, Moradas quintas, c. 3. Obras, IV, p. 80, 87.

manter nossa vontade unida à vontade de Deus em todas as coisas que acontecem, tanto agradáveis como desagradáveis. "Não te deixes mover por todos os ventos."[10] Alguns fazem como as bandeirolas que se voltam para onde sopra o vento. Se o vento é favorável, como desejam, andam alegres e tranquilos. Mas se o vento é contrário e as coisas não acontecem como querem, andam todos tristes e impacientes. É por isso que não se santificam e levam uma vida infeliz, já que neste mundo acontecem muito mais coisas desfavoráveis do que favoráveis.

São Doroteu diz que o receber das mãos de Deus todas as coisas, como quer que aconteçam, é um grande meio para conservarmos a paz contínua e tranquilidade do coração. Conta o santo que os antigos monges do deserto não ficavam irados e melancólicos, porque tudo o que lhes acontecia eles aceitavam alegremente como das mãos de Deus[11].

Feliz aquele que vive inteiramente unido e abandonado à vontade de Deus. Não fica orgulhoso com seus sucessos, nem fica desanimado com os fracassos, pois sabe que tudo vem da mesma mão de Deus. Só a vontade de Deus é a regra de seu desejo; por isso faz o que Deus quer e quer o que Deus faz. Não se preocupa em fazer muitas coisas, mas procura realizar perfeitamente aquilo que acha ser da vontade de Deus. Por isso, coloca as menores obrigações de seu estado antes das ações mais grandiosas e gloriosas, porque percebe que nestas pode haver lugar para o amor-próprio, enquanto que naquelas se encontra certamente a vontade de Deus.

Portanto, seremos felizes, se recebermos de Deus todas as coisas, em perfeita conformidade com a vontade divina, sem nos importarmos se são conformes ou contrárias a nosso gosto.

---

[10] Eclo 5,11.

[11] S. Dorotéo, Doctrina VII, n. 4 e 6. MG 88-7102, 1706.

Dizia Santa Joana de Chantal: “Quando chegaremos a saborear a doçura da vontade divina em tudo que nos acontece, não tendo em conta senão a vontade divina? É certo que, com igual amor e para nosso maior proveito, são-nos dadas tanto as desgraças como as prosperidades. Quando nos abandonaremos inteiramente nos braços de nosso bondosíssimo Pai, confiando-lhe o cuidado de nossas pessoas e de nossos trabalhos, reservando para nós somente o desejo de agradar a Deus?”[12]. Os amigos de São Vicente de Paulo diziam dele: “O sr. Vicente é sempre Vicente”[13]. Queriam dizer com essa frase que o santo, em todos os acontecimentos felizes ou infelizes, estava sempre com o rosto sereno, sempre igual. Vivendo todo abandonado em Deus, nada temia e nada queria senão o que agradava a Deus.

Escreve Santa Teresa: “Do santo abandono no Senhor nasce a liberdade de espírito que possuem as pessoas virtuosas. Nelas se encontra toda a felicidade que se pode desejar nesta vida. Nada temendo, nada querendo e nada cobiçando das coisas do mundo, tudo possuem”[14].

Liberdade de Espírito

Muitas pessoas inventam para si uma santidade conforme sua inclinação. Quem é melancólico faz a santidade consistir no viver sozinho; quem é ativo, em pregar e fazer reconciliações; os de gênio austero, em fazer penitência e mortificações; os de temperamento bondoso, em dar esmo-

[12] Sta. Joana de Chantal, Vie et oeuvres, II, Entretiens 69 et 73.
[13] Abelly, Vie, 1. 3, c. 21.
[14] Sta. Teresa, Las Fundaciones, c. 5, Obras, V, p. 40, 41.

las; alguns em visitar santuários; outros em fazer muitas orações vocais. Nessas coisas é que fazem consistir toda a sua santidade. Os atos externos são fruto do amor a Jesus Cristo. Mas, o verdadeiro amor consiste em nos conformarmos em tudo com a vontade de Deus, em renunciar a nós mesmos e em preferir o que mais agrada a Deus, somente porque Ele o merece.

Há os que querem servir a Deus, mas em tal emprego, em tal lugar, com tais companheiros ou em tais circunstâncias. Se assim não for, ou deixam o trabalho ou o fazem de má vontade. Essas pessoas não têm a liberdade de espírito; são escravas do amor-próprio, ganhando pouco merecimento do que fazem. Vivem sempre inquietas porque, estando presas à própria vontade, o jugo de Cristo se lhes torna pesado. Quem ama de verdade a Jesus Cristo, ama só o que lhe agrada e só porque lhe agrada, quando, onde e como Ele quer; seja em trabalhos importantes ou em ocupações simples e humildes, em uma vida distinta no mundo ou escondida e desprezada. Isso é o que exige o amor a Jesus Cristo. Nisso devemos nos esforçar, combatendo as ambições do amor-próprio que quereria ver-nos ocupados somente em trabalhos gloriosos ou de acordo com nossas inclinações. De que adianta ser neste mundo a pessoa mais honrada, mais rica, a maior de todas, sem a vontade de Deus? Dizia Henrique Suso: “Preferiria ser um mísero verme da terra, por vontade de Deus, a ser um anjo do céu, por minha própria vontade”[15].

Jesus Cristo disse no Evangelho: “Muitos me dirão: ‘Senhor, Senhor, não profetizamos em teu nome, e em

[15] B. Henrique Suso, Opera (interpr. Surio), sermo 2, p. 182ss.

teu nome expulsamos os demônios, em teu nome fizemos muitos milagres?' Mas o Senhor lhes responderá: 'Nunca vos conheci, afastai-vos de mim, vós que praticais a iniquidade'"[16]. Retirai-vos, nunca vos reconheci por meus discípulos, porque preferistes a vossa inclinação e não a minha vontade.

Isso se aplica especialmente àqueles sacerdotes que se gastam pela salvação e perfeição dos outros e, no entanto, vivem no pântano de suas próprias imperfeições.

A santidade consiste: primeiro, em uma verdadeira renúncia de si mesmo; segundo, em uma total mortificação das próprias paixões; terceiro, em uma perfeita conformidade com a vontade de Deus. Quem falha em uma dessas virtudes, está fora do caminho da perfeição. Por isso, dizia um grande servo de Deus que era melhor colocar como finalidade de nossas ações a vontade de Deus, do que a sua glória. Pois, fazendo sua vontade, buscamos também a sua glória. Mas propondo-nos a glória de Deus, muitas vezes nos enganamos fazendo a nossa vontade, com o pretexto da glória de Deus.

Escreve São Francisco de Sales: "São muitos os que dizem ao Senhor: eu me dou todo a vós sem reservas; mas são poucos os que aceitam a prática desse abandono. Esse abandono consiste em certa indiferença para receber qualquer acontecimento conforme a Divina Providência nos mandar, sejam aflições ou consolações, sejam desprezos e injúrias ou honras e louvores"[17].

---

[16] Mt 7,22-23.

[17] S. Francisco de Sales, Les vrais entretiens spirituels, Second entretien, Oeuvres, VI.

Portanto, é no sofrer e no abraçar com alegria as coisas desagradáveis e contrárias ao nosso amor-próprio que se conhece quem ama de verdade a Jesus Cristo. Diz Tomás de Kempis: "Quem não está pronto a sofrer tudo pela pessoa amada e a seguir sempre sua vontade, não merece o nome de verdadeiro amigo"[18].

"Corre velozmente para Deus" – diz Baltazar Álvares – quem, de boa vontade, se conforma com a vontade divina em tudo[19]. E Santa Teresa escreve: "Que maior vantagem pode haver, do que ter alguma prova de que damos alegria a Deus"[20]. E eu acrescento: não podemos ter maior garantia de agradarmos a Deus, do que aceitando de boa vontade as cruzes mandadas por Ele. O Senhor aceita de bom grado nossos agradecimentos pelos benefícios que nos fez neste mundo. Mas diz São João de Ávila que vale mais um "bendito seja Deus" nas contrariedades, do que seis mil agradecimentos na alegria[21].

É preciso notar, ainda, que não só devemos receber com resignação as provações vindas diretamente de Deus, tais como as doenças, a nossa limitação, a perda acidental de alguma coisa, mas também tudo o que nos vem indiretamente de Deus e diretamente dos homens: as perseguições, os roubos, as injúrias. Na verdade, tudo nos vem de Deus.

Certa vez o rei Davi foi injuriado por um súdito seu de nome Semei que o maltratou com palavras ofensivas e até

---

[18] Imitação de Cristo, 1. 3, c. 5, n. 32.
[19] Ven. Luís da Ponte, Vita, c. 50, § 1.
[20] Sta. Teresa, Libro de la Vida, c. 10. Obras, I.
[21] João de Ávila, Lettere spirituali, parte 1, lettera 41.

com pedradas. Um de seus soldados quis cortar a cabeça do atrevido, mas Davi observou com humildade: "Deixai-o maldizer; o Senhor lhe ordenou que maldissesse a Davi"[22], isto é, Deus serve-se deste homem para castigar meus pecados; por isso permite que me injurie assim.

Dizia Santa Maria Madalena de Pazzi que todas as nossas orações não devem ter outra finalidade a não ser alcançar de Deus a graça de seguir em tudo sua santa vontade[23].

Certas pessoas, ávidas de satisfações espirituais, nada mais fazem em sua oração do que procurar sentimentos agradáveis e ternos, para se deliciarem neles. As almas fortes e desejosas de pertencer só a Deus não lhe pedem senão luz para discernir sua vontade e força para a cumprir perfeitamente. Para alcançar a perfeição do amor, é necessário sujeitar em tudo nossa vontade à vontade de Deus. São Francisco de Sales dizia: "Não penseis já ter chegado à perfeição que deveis possuir, enquanto vossa vontade não estiver completamente, mesmo nas coisas mais difíceis, submissa alegremente à vontade de Deus"[24]. Como nos afirma Santa Teresa, "a entrega de nossa vontade a Deus o faz unir-se a nossa pequenez"[25].

Mas isso jamais poderá ser conseguido, senão através da oração mental ou meditação, e de súplicas contínuas a sua divina Majestade, com um verdadeiro desejo de ser todo, sem reservas, de Jesus Cristo.

---

[22] 2Sm 16,10.

[23] Puccini, Vita, parte 1, c. 59: Sta. Maria Madalena de Pazzi; Detti e sentenze, § V, n. 33, 34, parte 4, c. 31.

[24] S. Francisco de Sales, Lettre 282, Oeuvres, XIII.

[25] Sta. Teresa, Camino de Perfección, c. 32, Obras, III, p. 155.

Coração bondoso de meu Salvador, Coração apaixonado pelos homens, que nos amais com tanta delicadeza; Coração merecedor de reinar e de possuir todos os nossos corações. Quem me dera fazer todos compreenderem o amor que lhes tendes e a bondade que manifestais com aqueles que vos amam sem reservas!

Jesus, dignai-vos aceitar a oferta e o sacrifício que hoje vos faço de toda a minha vontade. Fazei-me compreender o que desejais de mim; quero fazer tudo com a vossa graça.

A Obediência

Qual é o meio mais seguro para saber e aceitar em nossas ações o que Deus quer de nós? Não há meio mais seguro e mais certo do que obedecer a nossos superiores e diretores. Dizia São Vicente de Paulo: "Nunca se cumpre melhor a vontade de Deus, do que obedecendo aos superiores"[26]. A Sagrada Escritura diz: "Vale mais a obediência do que o sacrifício"[27]. Agrada mais a Deus a imolação que fazemos de nossa vontade, sujeitando-a à obediência, do que todos os outros sacrifícios que possamos lhe oferecer. Nas outras coisas, nas esmolas, nas abstinências, mortificações e semelhantes, damos a Deus nossas coisas, mas dando-lhe a nossa vontade, é a nós mesmos que damos. Oferecendo-lhe nossos bens, nossas mortificações, damos-lhe uma parte; entregando-lhe nossa vontade, entregamos-lhe tudo. Por isso, quando dizemos a Deus: "Senhor, fazei-me compreender pela obediência o que desejais de mim, quero fazer tudo", nada mais temos a lhe oferecer.

---

[26] Abelly, Vie, 1. 3, c. 14 – S. Vicente de Paulo.

[27] Eclo 4,17.

Quem se sujeitou à obediência, deve desapegar-se da própria opinião. Diz São Francisco de Sales: "Cada um de nós tem suas próprias opiniões e isso não se opõe à virtude. O que se opõe à virtude é o apego que temos a nossas opiniões"[28]. Infelizmente este apego é a coisa mais custosa de deixar. Por isso, há tão poucas pessoas que se dão a Deus, pois, são poucas que se sujeitam em tudo à obediência. Existe gente tão agarrada à própria vontade que ao lhe ser ordenada alguma coisa, mesmo sendo de seu gosto, pelo fato de a ter de realizar por obediência, perdem a vontade de a executar.

Os santos não são assim. Eles encontram a tranquilidade nas ações mandadas pela obediência. Santa Joana de Chantal certa vez permitiu a suas monjas que fizessem naquele dia o que mais desejassem. À tarde, elas foram pedir-lhe insistentemente que nunca mais lhes desse tal licença, porque nunca tinham passado um dia tão cheio de tédio como aquele em que estavam desligadas da obediência.

É um erro pensar em outra ação melhor do que a mandada pela obediência. Diz São Francisco de Sales: "Deixar uma ocupação mandada pela obediência para nos unir a Deus pela oração, pela leitura ou recolhimento, seria afastar-se de Deus para nos unir a nosso amor-próprio"[29]. Acrescenta Santa Teresa que "quem faz alguma coisa, mesmo sendo alguma coisa espiritual, mas contra a obediência, age certamente por instigação do demônio e não por inspiração de Deus, como talvez pense; porque as inspirações de Deus estão unidas à obediência... Deus não quer outra

[28] S. Francisco de Sales, Les vrais entretiens spirituels, 14ª entretiens, vol. citado.
[29] S. Francisco de Sales, Lettre 1290, Oeuvres, XVII, p. 359-361.

coisa de uma alma que está resolvida a amá-lo, senão que obedeça"[30]. Escreve o Padre Rodrigues: "Vale mais uma ação feita por obediência do que qualquer outra coisa que possamos imaginar. Vale mais levantar uma palha do chão por obediência, do que uma longa oração e uma disciplina sangrenta feita por nosso próprio arbítrio"[31]. Por isso, Santa Maria Madalena de Pazzi dizia preferir um trabalho por obediência à própria oração. Com a obediência – explicava ela – estou segura de fazer a vontade de Deus, ao passo que não estou segura dedicando-me a qualquer outra ocupação[32].

Conforme ensinam os mestres da vida espiritual, é melhor deixar algum ato de piedade por obediência, do que fazê-lo sem obediência. Santa Brígida afirma que alguém deixando por obediência uma mortificação, lucra duplamente: alcança o mérito da mortificação que desejava fazer e o mérito da obediência pela qual a deixou[33].

Um dia o Padre Francisco Árias foi visitar seu amigo, São João de Ávila, e achou-o pensativo e triste. Perguntando-lhe a razão, São João respondeu:

– "Felizes de vós, que viveis sob a obediência e estais seguros de fazer o que Deus quer. Quanto a mim, quem me garante ser mais agradável a Deus percorrer as aldeias ensinando os pobres camponeses, do que ficar parado em um confessionário atendendo os que chegam? Quem vive sob a obediência tem a certeza de que tudo o que faz para obe-

---

[30] Sta. Teresa, Las Fundaciones, c. 8: Obras, V-Libro de la Vida, c. 26: Obras, I. – Las Fundaciones, c. 24: Obras V.

[31] Afonso Rodrigues, Esercizio de perfezione, part. 3, trat. 5, c. 7, n. 15.

[32] Puccini, Vita, part. I, c. 61 e part. 4, c. 30.

[33] Revelationes S. Birgittae, 1. 4, c. 26.

decer é conforme a vontade de Deus, e é aquilo que mais agrada a Ele."[34] Sirva isto de consolação a todos que vivem sob a obediência.

Obediência Completa

Para que a obediência seja perfeita, é preciso que haja nela a vontade e o discernimento. Obedecer com a vontade é obedecer espontaneamente e não à força, como fazem os escravos. Obedecer com discernimento é conformar nosso juízo com o do superior sem discutir o que nos manda nem como no-lo manda. Santa Maria Madalena de Pazzi dizia: "A perfeita obediência exige uma alma sem juízo próprio"[35]. São Filipe Néri diz igualmente que para obedecer bem, não basta fazer só o que se manda; é preciso fazê-lo sem controvérsia, tendo por certo que a coisa mandada para nós é a mais perfeita que podemos fazer, ainda que o contrário fosse melhor diante de Deus[36].

O que dissemos vale não só para os religiosos, mas também para os leigos na obediência a seus diretores espirituais. Devem pedir a eles as orientações a que se devem sujeitar nas realizações, tanto espirituais como temporais. Assim estão sempre seguros de fazer o que é melhor. Dizia São Filipe Néri: "Os que desejam avançar no caminho de Deus, sujeitem-se a um sábio confessor e obedeçam-lhe como a Deus. Quem assim faz, fica seguro de não prestar contas a Deus das ações que faz... Devemos confiar no confessor, pois o Senhor não deixaria errar. Não há coisa mais

---

[34] Jos. Juvêncio, S. I., Hist. Societatis Iesu, pars 5, 1. 24, § 46.
[35] Puccini, Vita, no fim, Detti e sentenze della Santa, § 3, n. 21.
[36] Bacci, Vita, 1. I, c. 20, n. 23.

segura para escapar dos laços do demônio, do que fazer a vontade alheia nas coisas boas. Não há coisa mais perigosa do que querer se dirigir pelo próprio parecer"[37].

São Francisco de Sales, falando da direção espiritual para avançar com segurança no caminho de Deus, escreveu: "Este é o conselho dos conselhos. Por mais que procureis – afirma-nos João de Ávila – jamais será encontrada a vontade de Deus tão seguramente como pelo caminho dessa humilde obediência, tão recomendada e praticada por todas as pessoas piedosas do passado"[38]. Tal afirmação é feita ainda por São Bernardino de Sena, Santo Antonino, São João da Cruz, Santa Teresa, João Gerson, os teólogos e mestres da vida espiritual. São João da Cruz chega mesmo a dizer que duvidar desta verdade é como duvidar da fé: "Não se contentar com o que diz o confessor é orgulho e falta de fé"[39].

Entre os ensinamentos de São Francisco de Sales, existem dois que consolam muito as pessoas escrupulosas: 1º) – "Nunca se perdeu um verdadeiro obediente"; 2º) – "Devemos nos contentar em saber do diretor espiritual que andamos bem, sem nos preocupar em saber como".[40] O escrupuloso é obrigado – como ensinam muitos[41] – gravemente a agir contra seus escrúpulos, quando há motivo de temer um dano grave para a alma ou para o corpo. Por isso, os escrupulosos devem ter maior escrúpulo de não obedecer a seu confessor do que em ir contra o próprio escrúpulo.

---

[37] Ibidem, n. 21 – S. Filipe Néri.

[38] S. Francisco de Sales, Introduction à la vie dévote, I partie, c. 4. B. João de Ávila, Trattato spirituale sopra il verso "audi, filia", c. 55.

[39] Trat, dos espinhos, t. 3, col. 4, § 2, n. 8.

[40] Galizia, Vita, 1.6, § 21, Massime che riguardano noi stessi, n. 27 e n. 12.

[41] Sto. Afonso cita no original: Gerson, Sto. Agostinho, Caetano, Navarro, Sanches, Bonacina. Cordoba, Castropalao, Salmanticenses: trat. 20, c. 7; ibidem n. 10.

Para concluir este capítulo, eis em que consiste o resumo de nossa salvação e perfeição: primeiro, renunciarmos a nós mesmos. Segundo, seguir a vontade de Deus. Terceiro, pedir-lhe sempre que nos dê a força para cumprir uma e outra coisa.

ORAÇÃO

"Fora de vós, o que há para mim no céu? Se vos possuo, nada mais me atrai na terra... A rocha de meu coração e minha herança eterna é Deus."[42]

Redentor meu, digno de ser amado infinitamente, descestes do céu para vos dar todo a mim. A quem devo procurar na terra ou no céu senão a vós, o maior bem, o único bem de ser amado? Sede, portanto, o único Senhor de meu coração, apossai-vos dele. Que minha alma só a vós ame, a vós abedeça, a vós procure agradar. Gozem os outros das riquezas deste mundo; eu quero só a vós. Sois e sereis minha riqueza nesta vida e na eternidade.

Dou-vos, meu Deus, inteiramente meu coração e toda a minha vontade. Ela vos foi rebelde em tempos passados, mas agora eu a consagro toda a vós. "Senhor, que quereis que eu faça?" Dizei-me o que quereis de mim e ajudai-me, porque eu quero fazer tudo. Disponde de mim e de todas as minhas coisas como for de vosso agrado. Tudo aceito, a tudo me conformo.

Jesus, merecedor de um amor infinito, amastes-me até morrer por mim; eu vos amo de todo o meu coração, mais do que a mim mesmo e em vossas mãos entrego minha alma.

[42] Sl 72,25-26.

Hoje renuncio a todo o afeto mundano, a toda a criatura e me entrego todo a vós. Aceitai-me pelos méritos de vossa paixão, tornando-me fiel até a morte.

Meu Jesus, de hoje em diante quero viver só para vós, não quero amar senão a vós, nem buscar coisa senão cumprir vossa vontade divina. Assisti-me com vossa graça, ajudai-me...

Socorrei-me também, Maria, minha esperança, com vossa proteção.

CAPÍTULO XIV

QUEM AMA A JESUS CRISTO TUDO SOFRE POR ELE

"A Caridade tudo suporta." No capítulo V falamos da virtude da paciência em geral. Trataremos aqui de alguns particulares, nos quais é preciso praticar a paciência de modo especial.

O padre Baltazar Álvares dizia que um cristão não deve pensar que já fez algum progresso, se não chegou a fixar no coração as dores, a pobreza, os desprezos sofridos por Jesus, a fim de padecê-los por amor a Jesus Cristo[1]. Falemos, em primeiro lugar, das dores e doenças corporais que nos fazem ganhar muitos méritos quando suportados com paciência.

São Vicente de Paulo dizia: "Se conhecêssemos o precioso tesouro, contido nas doenças, recebê-las-íamos com a alegria com que se recebem os maiores presentes"[2]. O santo, mesmo assaltado continuamente pela doença, muitas vezes não conseguia repousar nem de dia nem de noite. Mas suportava-a com tanta paz e serenidade no rosto e sem se queixar, que parecia não ter nenhum mal.

Quanto edifica um enfermo que suporta a doença com rosto tranquilo à semelhança de São Francisco de Sales. Estando enfermo, expunha simplesmente ao médico o seu mal, obedecia-lhe pontualmente tomando todos os remé-

---

[1] Ven. Luís da Ponte, Vita, já citada, c. 3, § 2.

[2] Abelly, Vie, 1. 3, c. 23 – S. Vicente de Paulo.

dios, por desagradáveis que fossem, e depois ficava sossegado, sem se lastimar do sofrimento[3]. Esse procedimento contrasta com o de muitas pessoas. Por qualquer ligeiro incômodo não param de lastimar-se a todos; desejariam que todos os parentes e amigos estivessem a sua volta a lamentar seus males.

Santa Teresa exortava suas religiosas: "Irmãs, aprendei a sofrer alguma coisa por amor do Senhor, sem que toda a gente o saiba"[4]. Em uma sexta-feira santa, o Padre Luís da Ponte foi presenteado por Jesus Cristo com tantas dores corporais, que não havia nenhuma parte de seu corpo sem um particular sofrimento. Contou, então, a um seu amigo esse grande padecimento. Depois de ter contado, ficou tão arrependido que fez uma promessa de nunca mais manifestar a ninguém seus sofrimentos[5].

Eu disse "presenteado". Sim, porque os santos consideram como presentes as doenças e as dores que Deus lhes manda. Certa vez São Francisco de Assis estava de cama, muito atormentado de dores. Um companheiro que o assistia lhe disse: "Francisco, peça a Deus que lhe alivie este sofrimento e não carregue tanto sua mão". Ao ouvir isso, em um instante saltou da cama e de joelhos se pôs a agradecer aquelas dores. Voltou-se depois para o companheiro: "Saiba que se eu não estivesse certo de que falou por simplicidade, não queria vê-lo mais"[6].

---

[3] Sta. Joana de Chantal, Déposition pour la Béatification et Canonisation de S. François de Sales, a. 31.

[4] Sta. Teresa, Camino de Perfección, c. 11. Obras, III, p. 56.

[5] Longaro degli Oddi, Vita, 1. 2, c. 1, n. 16 e 13.

[6] S. Boaventura, Legenda S. Francisci, c. 14, n. 2.

Algum doente poderá dizer:

– O que me desagrada não é tanto suportar esta doença, mas não poder ir à igreja fazer minhas orações, comungar, participar da Missa. Não posso ir à capela rezar os salmos com meus irmãos, não posso celebrar a Missa, não posso nem sequer rezar, porque me dói a cabeça e fico distraído.

– Mas, dize-me, por favor, por que desejas ir à igreja ou à capela? Por que desejas comungar e celebrar ou participar da Missa? É para agradar a Deus? O que agrada a Deus agora não é comungar, participar da Missa, mas estar nessa cama e suportar os incômodos dessa doença. Se minhas palavras não te agradam, é porque não procuras fazer o que é da vontade de Deus, mas sim o que é de tua vontade.

São João de Ávila escreveu a um sacerdote que se lastimava justamente disso: "Amigo, não fiques calculando o que farias estando com saúde, mas fica contente com estar doente enquanto Deus quiser. Se procuras a vontade de Deus, que te importa estar são ou doente?"[7].

Dizes que não podes até mesmo fazer oração porque a cabeça está fraca e distraída. Sim, senhor, não podes meditar: mas por que não podes fazer atos de conformidade com a vontade de Deus? Essa é a mais bela oração que podes fazer, aceitando com amor as dores que te afligem.

Assim fazia São Vicente de Paulo. Quando estava gravemente enfermo, punha-se tranquilamente na presença de Deus, sem fazer violência em aplicar sua mente em algum ponto particular. Apenas fazia, de vez em quando, um ato de

[7] B. João de Ávila, Lettere spirituali, parte I, A un sacerdote infermo.

amor, de confiança, de agradecimento e, mais vezes, de resignação, quando aumentavam suas dores[8].

Dizia São Francisco de Sales: "As tribulações, consideradas em si mesmas, são espantosas; mas, consideradas na vontade de Deus, são amor e alegria"[9]. Não podes rezar? Que oração melhor do que olhar para o crucifixo de quando em quando e oferecer as dores que suportas, unindo o pouco que sofres às dores imensas de Jesus Cristo na cruz?

O Crucifixo

Uma piedosa mulher estava de cama, atormentada por muitos males. A empregada lhe entregou o crucifixo e lhe disse:

– Pede a Cristo que te livre desses sofrimentos.

– Como queres que eu procure descer da cruz – respondeu ela – enquanto tenho nas mãos um Deus crucificado? Deus me livre! Quero sofrer por aquele que desejou sofrer por mim dores muito maiores do que as minhas.

Santa Teresa, estando doente e muito aflita, teve esse mesmo sentimento, contemplando Jesus todo chagado, como a lhe dizer: "Vê, filha, a gravidade de minhas dores e considera se as tuas podem se comparar com as minhas"[10]. Por isso, ela costumava dizer quando era atormentada pela doença: "Quando penso nos sofrimentos que o Senhor suportou sendo inteiramente inocente, não sei de onde vem à cabeça lamentar-se de meus sofrimentos"[11].

Santa Liduvina sofreu continuamente durante 38 anos muitas doenças, febres, gota nos pés e nas mãos, inflama-

[8] S. Vicente de Paulo, Correspondance, Entretiens, Documents, VIII, p. 47. 10.
[9] S. Francisco de Sales, Traité de l'amour de Dieu, 1. 9, c. 2.
[10] Sta. Teresa, Mercedes de Dios, XXXVI, Obras, II, p. 64, 65.
[11] Sta. Teresa, Camino de Perfección, c. 15, Obras, IV, p. 70.

ção da garganta, feridas por todo o corpo. Mas tendo sempre diante dos olhos as dores de Jesus Cristo, estava sempre em sua cama, alegre e feliz. Do mesmo modo São José de Leonissa, capuchinho. Precisando o médico fazer-lhe um corte na carne, seus companheiros queriam amarrá-lo com cordas para que não se mexesse pela intensidade da dor. Mas ele tomou nas mãos um crucifixo e lhes disse: "Que cordas, que nada! Aqui está aquele que me prende para sofrer em paz todas as dores por amor dele"[12]. E assim suportou a operação sem se queixar.

São Jonas, mártir, passou por ordem do imperador uma noite em um tanque gelado. De manhã, ele disse não ter passado noite mais sossegada do que aquela, porque tinha imaginado ver Jesus pendente da cruz. Assim suas dores, em comparação com as de Cristo, pareciam-lhe mais carícias de Deus do que sofrimentos[13].

Mérito no sofrimento

Quantos méritos se podem ganhar só em suportar com paciência as doenças! Suportando com paciência as dores de nossas doenças, tecemos uma grande parte e talvez a maior parte da coroa que Deus nos prepara no céu[14].

Santa Liduvina, depois de ter suportado tantas doenças, tão dolorosas, como já dissemos, desejava morrer mártir por Jesus Cristo. Um dia, suspirando por esse martírio, entendeu que uma bela coroa,

---

[12] Zaccaria Boverio, O.M. Cap., Annali dell'Ordine dei FF.MM. Cappucini, anno 1612.

[13] Surio, De probatis sanctorum historiis, 29 martii, Martyrium SS. Jonae et Barachisii.

[14] Sto. Afonso Baltazar Alvares, Vida, c. 8, § 1. Omitimos para não confundir o leitor com tal exemplo da época (Nota do trad.).

ainda inacabada, estava sendo preparada para ela. Ansiosa para que fosse terminada, suplicou ao Senhor o aumento de suas dores. Jesus a ouviu... sofreu mais ainda e pouco depois morreu.

Para as pessoas que amam ardentemente a Jesus Cristo, como são leves e agradáveis as dores e os desprezos! Por isso, os mártires iam ao encontro das torturas, unhas de ferro, chapas incandescentes e espadas, com tanta alegria.

"Atormentem-me quanto quiserem – dizia São Prosdócimo, mártir – mas fiquem sabendo que para quem ama a Jesus Cristo não existe coisa mais desejável do que sofrer por seu amor."[15] De maneira semelhante, São Gordiano falava ao tirano que o ameaçava de morte: "Tu me ameaças com a morte, mas o que me desagrada é que não posso morrer por Jesus Cristo senão uma só vez"[16].

Mas, pergunto eu, por que os mártires falavam assim? Porque eram insensíveis aos sofrimentos ou tinham perdido o juízo? Não, responde São Bernardo, de maneira alguma, "não foi a loucura que fez isso, mas sim o amor"[17]. Eles não eram loucos. Sentiam as dores dos tormentos, mas porque amavam a Deus, consideravam grande vantagem sofrer e perder tudo, até mesmo a própria vida, por amor de Deus.

Nossa morte

Principalmente no tempo da doença, devemos estar prontos para aceitar a morte, aquela morte que é da vontade de Deus. Temos de morrer. Nossa vida vai terminar na últi-

---

[15] Surius, 18 de julho, Vita et Martyrium sancti et praeclari martyris Procopii.

[16] S. Basílio, hom. 18, in Gordium martyrem, n. 4, MG 31-499.

[17] S. Bernardo, In Cantica, sermo 16, n. 7, 8, 15 – ML 183-1074.

ma doença e não sabemos qual delas nos levará à sepultura. Portanto, é necessário que nos preparemos em todas as enfermidades para abraçar a morte que Deus nos tem destinado. Algum doente poderá dizer:

– Mas eu fiz tantos pecados e nenhuma penitência! Queria viver, não por viver, mas para dar alguma satisfação a Deus antes de morrer.

– Dize-me, meu irmão, como sabes que, vivendo, farás penitência e não te comportarás pior do que antes? Neste momento podes esperar que Deus te tenha perdoado. Mas que melhor penitência do que aceitar com resignação a morte, se Deus assim o quer?

São Luiz Gonzaga, que morreu jovem aos 23 anos, abraçou a morte alegremente, dizendo: "Encontro-me agora, assim espero, na graça de Deus. Mais tarde não sei o que será de mim. Morro contente, se nesta hora Deus quiser me chamar para a outra vida"[18].

São João de Ávila dizia "que uma pessoa, encontrando-se com boas disposições, mesmo medíocres, deve desejar a morte para sair do perigo em que sempre vivemos neste mundo, de poder pecar e perder a graça de Deus"[19].

Devido a nossa fragilidade, não podemos viver nesta terra sem cometer, ao menos, pecados veniais. Por isso, ao menos, por esse motivo, de não ofender a Deus, deveríamos abraçar com alegria a morte. Se amamos a Deus de verdade, devemos ardentemente desejar vê-lo e amá-lo com todas as forças do céu. Isso ninguém pode fazer perfeitamente nesta vida. Mas, se a morte não nos abre a porta, não podemos

---

[18] V. Cepari, Vita, part. 2, c. 26.

[19] Rodriguez, Esercizio di perfezione. part. 1, tratt. 8, c. 20, n. 8.

entrar no paraíso. Santo Agostinho exclamava: "Morra eu, Senhor, para vos ver"[20]. Senhor, fazei-me morrer porque, se não morro, não posso vos amar e vos ver face a face.

A pobreza

Precisamos, em segundo lugar, praticar a paciência, suportando a pobreza. É certo que é muito necessário praticar a conformidade, quando nos faltam os bens materiais.

Diz Santo Agostinho: "Quem não tem Deus, não tem nada; quem tem Deus, tem tudo"[21]. Possuindo Deus e estando unido a sua vontade, encontramos nele todos os bens. Vede um São Francisco, descalço, vestido com uma roupa pobre, pobre de tudo e que ao dizer: "Meu Deus e meu tudo", achava-se o mais rico de todos os reis da terra. Chama-se pobre quem deseja bens que não possui. Mas quem não deseja nada e está contente com sua pobreza, é perfeitamente rico. Deles diz São Paulo: "Não tendo nada, mas possuindo tudo"[22]. Quem ama a Deus de verdade, diz quando lhe faltam os bens temporais: "Meu Jesus, só tu me bastas" e fica contente.

Os santos não só tiveram paciência na pobreza, mas procuraram também desfazer-se de tudo, para viverem desapegados e unidos só a Deus. Se não temos o espírito de renunciar a todas as coisas do mundo, ao menos contentemo-nos com a situação em que o Senhor nos quer. Não tenhamos ansiedade para adquirir as riquezas da terra, mas sim

[20] Sto. Agostinho, Soliloquiorum animae ad Deum Liber unus, ML 40-865.
[21] Sto. Agostinho, Sermo 85, c. 3, n. 3. ML 38-521.
[22] 2Cor 6,10.

as do céu, imensamente maiores e eternas. Convençamo-nos do que diz Santa Teresa: "Quanto menos tivermos aqui, mais possuiremos lá"[23].

A abundância dos bens temporais – dizia São Boaventura – é um empecilho para a alma, impedindo-a de voar para Deus. Pelo contrário, escreve São João Clímaco que a pobreza é um meio de caminhar para Deus sem impedimentos[24].

"Bem-aventurados os pobres de espírito, porque deles é o reino dos céus."[25] Para as outras bem-aventuranças, dos mansos, dos puros de coração, está prometido o céu no futuro; mas aos pobres está prometido o céu, isto é, a felicidade do céu ainda nesta vida: "deles é o reino dos céus". Ainda nesta vida os pobres gozam de um paraíso antecipado. "Pobres de espírito" quer dizer: não só são pobres das coisas da terra, mas também não as cobiçam. Vivem contentes, possuindo o que lhes basta para se alimentar e se vestir: "Tendo, pois, de que nos sustentar e cobrir, contentemo-nos com isto"[26].

São Lourenço Justiniano exclamava: "Feliz pobreza, que nada possui e nada tem! É sempre feliz e sempre abundante; todos os incômodos que experimenta faz com que sirvam para o bem da alma"[27]. Acrescenta São Bernardo: "O avarento está sempre faminto como um mendigo, nunca chega a ficar satisfeito com os bens que deseja. O pobre, como senhor de tudo, os despreza, pois não deseja nada"[28].

---

[23] Sta. Teresa, Las Fundaciones, c. 14, Obras, V. p. 109.

[24] S. João Clímaco, Scala paradisi, gradus 17.

[25] Mt 5,3.

[26] 1Tm 6.8.

[27] S. Lourenço Justiniano, De disciplina et perfectione monasticae conversationis, c. 2, Opera, p. 82.

[28] S. Bernardo, In Cantica, sermo 21, n. 8.

"Se a pobreza não fosse um grande bem, Jesus Cristo não a teria escolhido para si, nem a teria deixado em herança para seus preferidos."[29] De fato, os santos, vendo Jesus tão pobre, amaram tanto a pobreza. O próprio São Paulo nos alerta contra a cobiça de enriquecer como laço do demônio para perder os homens: "Porque os que querem fazer-se ricos, caem na tentação e no laço do demônio e em muitos desejos inúteis e perniciosos, que submergem os homens no abismo da morte e da perdição"[30].

Infelizes, por causa dos bens miseráveis deste mundo, perdem um bem infinito que é Deus! Muita razão tinha o mártir São Basílio, quando o imperador Licínio lhe prometeu fazê-lo chefe de seus sacerdotes se renegasse a Jesus Cristo; ele respondeu: "Dizei ao imperador que, oferecendo-me todo o seu império, não me dá tanto quanto me tira, fazendo-me perder a Deus"[31].

Deus só nos baste! Bastem-nos os bens que Ele nos dá. Alegremo-nos de sermos pobres quando nos faltar o que queríamos. Aí é que está o mérito. Diz São Bernardo: "Não é a pobreza que é considerada virtude, mas sim o amor à pobreza"[32]. Muitos são pobres, mas porque não amam a sua pobreza, não têm nenhum mérito.

Voto de pobreza

Este amor à pobreza, devem tê-lo especialmente os religiosos que fizeram o voto de pobreza. Diz São Bernardo: "Muitos religiosos querem ser pobres, com a condição de que não lhes falte nada"[33]. Acrescenta São Francisco de Sales:

---

[29] Sta. Ângela de Foligno, Vida, l. 2, p. 2.

[30] 1Tm 6,9.

[31] Bollandisti, Acta Sanctorum, 26 abril, n. 11.

[32] S. Bernardo, Epístola 100, ML 182-235.

[33] S. Bernardo, De adventu Domini, sermo 4, n. 5, ML 183-49.

"Estes tais querem a honra da pobreza, mas rejeitam-lhe os incômodos"[34]. Para esses religiosos fica bem o que dizia uma monja clarissa: "A religiosa que se gloria de ser pobre e se lamenta quando lhe falta alguma coisa, será ridicularizada pelos anjos e pelos homens"[35].

Diferente é o modo de agir dos bons religiosos: amam a sua pobreza mais do que todas as riquezas.

A filha do imperador Maximiliano II, monja de Santa Clara, compareceu na presença de seu irmão, o arquiduque Alberto, com o hábito remendado. Ele estranhou isso como inconveniente à nobreza de sua irmã; mas ela lhe disse: "Meu irmão, estou mais contente com estas roupas pobres do que os reis com suas púrpuras"[36]. Santa Maria Madalena de Pazzi exclamava: "Felizes os religiosos que, desapegados de tudo por meio da pobreza, podem dizer: Senhor, sois a parte de minha herança (Sl 15,5). Senhor, sois minha herança, todo o meu bem"[37].

Certa vez, Santa Teresa, tendo recebido muitas esmolas de um negociante, mandou-lhe dizer que seu nome estava escrito no livro da vida e, como sinal disto, as coisas deste mundo lhe seriam tiradas. De fato, o negociante faliu e ficou pobre até a morte[38]. Dizia São Luís Gonzaga que não há nenhum sinal mais certo de que alguém seja do número dos escolhidos, do que vê-lo temente a Deus, e ao mesmo tempo, ser provado com tribulações e desolações neste mundo[39].

---

[34] S. Francisco de Sales, Introduction à la vie dévote, partie 3, c. 16.

[35] G. Guarnieri, Vita, 1. 2, c. 9.

[36] Fr. João da Palma. Vita lib. 3, c. 15: chamada de soror Margarida da Cruz.

[37] Puccini, Vita, part. 4, c. 30.

[38] Frederico de Sto. Antônio, Vida. 1. 3, c. 18.

[39] Cepari, Vita, part. 2, c. 23 – S. Luís Gonzaga.

De algum modo, ainda faz parte da pobreza o ser privado dos parentes e amigos pela morte. É muito importante praticar a conformidade nessa ocasião.

Perdendo um parente, um amigo, há pessoas que perdem também a paz. Fecham-se em um quarto a chorar e, dominadas pela tristeza, tornam-se impacientes e insuportáveis. Eu queria saber: essas pessoas que se angustiam assim e derramam tantas lágrimas, a quem estão agradando? A Deus? A Deus não, porque Ele quer que nos resignemos com sua vontade. Agradam à alma do defunto? Também não, porque se essa se perdeu, ela odeia a vós e a vossas lágrimas. Se ela já está no céu, deseja que agradeçais a Deus por ela. Se está no purgatório, deseja que a socorrais com as vossas orações e que vos conformeis com a vontade de Deus; deseja que vos santifiqueis para, um dia, vos ter como companheiros no céu. De que serve, então, chorar tanto?

Tendo-lhe morrido um irmão, São José Caracciolo, teatino, estando certo dia com seus parentes, que não paravam de chorar, chamou-lhes a atenção: "Chega! reservemos estas lágrimas para uma finalidade melhor, para chorar a morte de Jesus Cristo que foi para nós pai, irmão e morreu por nosso amor"[40].

Em tais ocasiões é preciso fazer como Jó ao receber a notícia da morte de seus filhos, conformado inteiramente com a vontade de Deus: "O Senhor deu, o Senhor tirou: como foi de seu agrado, assim aconteceu: bendito seja o nome do Senhor!"[41]. O que aconteceu foi da vontade de Deus, e por isso, também de meu agrado: que Ele seja sempre louvado por mim!

---

[40] Silos. Historiarum Clericorum Regularium pars altera, 1.4, p. 184.
[41] Jó 1,21.

Devemos também praticar a paciência e provar nosso amor a Deus suportando em paz os desprezos que recebemos. Quando uma pessoa se dá para Deus, Ele mesmo faz ou permite que seja desprezada e perseguida pelos homens.

Conta-se do Beato Henrique Suso que, certa vez, tomou consciência dos sofrimentos impostos pelos homens: "Henrique, até agora tens praticado a mortificação a teu modo. De hoje em diante, serás mortificado como os outros quiserem". No dia seguinte, vendo um cachorro rasgando um farrapo, pensou consigo: "Assim serás tu, dilacerado pela boca dos homens". Desceu do lugar onde estava, guardou um pedaço daquele pano para se lembrar dele no meio dos sofrimentos[42].

Os desprezos e as injúrias são desejados e procurados pelos santos. São Filipe Néri, como hóspede, sofreu muitos maus-tratos durante 30 anos; apesar disso, não queria mudar-se e passar para uma nova casa que ele mesmo fundara[43].

São João da Cruz, precisando mudar de ares por causa de uma doença, não quis aceitar uma casa cômoda, onde havia um superior que gostava muito dele. Escolheu, porém, uma casa pobre, dirigida por um superior que não lhe tinha simpatia e que o perseguiu e o maltratou durante muito tempo e de várias maneiras[44].

Santa Teresa escreveu: "Quem procura a perfeição deve evitar dizer: fizeram-me isso sem razão. Se queres carregar a cruz, mas somente aquela que se apoia na razão, a santidade

---

[42] Vita, c. 22 – Henrique Suso.

[43] Bacci, Vita, 1. 1, c. 18.

[44] Marco de S. Francisco, Vita di S. Giovanni della Croce, 1.3, c. 5.

não é para ti”[45]. É conhecida a resposta que Jesus crucificado deu a São Pedro, mártir, quando se lastimava de estar encarcerado, sem ter feito mal algum: “E eu que mal fiz para estar pregado nesta cruz sofrendo e morrendo pelos homens”[46].

Os santos consolavam-se, quando injuriados, com as ofensas que Jesus Cristo padeceu por nós. Santo Eleazar, perguntado por sua esposa, como podia sofrer com tanta paciência as numerosas injúrias recebidas até mesmo de seus empregados, respondeu: “Penso em Jesus desprezado. Vejo que as afrontas feitas a mim não são nada, em comparação com as que Ele sofreu por mim. Assim Deus me dá força para suportar tudo em paz”[47].

As injúrias, a pobreza, os sofrimentos e todas as tribulações, que sobrevêm a uma pessoa que não ama a Deus, tornam-se ocasião para mais se afastarem dele. Mas, sobrevindo a quem ama a Deus, tornam-se motivo de maior união com Ele e de maior amor: “As torrentes não puderam extinguir o amor, nem os rios o puderam submergir”[48]. As tribulações, por muitas e graves que sejam, não só não extinguem, mas sim, aumentam as chamas da caridade em um coração que ama somente a Deus.

Deus nos ama...

Mas, por que Deus nos carrega de tantas cruzes e parece se alegrar vendo-nos atribulados, desprezados, perseguidos e maltratados no mundo? Por acaso é um tirano tão cruel que gosta de nos ver sofrer? Não. Deus não é um tirano nem é cruel; Ele

[45] Sta. Teresa, Camino de Perfección, c. 13, Obras, III.
[46] Tom. da Lentini, Vita, c. 1, n. 6. Bollandisti.
[47] Waddingus, Annales Monorum, anno 1319, n. 5.
[48] Ct 8,7.

é todo bondade e amor para conosco. Basta dizer que nos amou até morrer por nós. Ele se alegra, sim, vendo-nos sofrer, mas para nosso bem. Deseja que, sofrendo nesta vida, fiquemos livres das penas que deveríamos sofrer na outra vida, por causa de nossas dívidas com a justiça de Deus. Ele se alegra, sim, para que não nos apeguemos aos prazeres sensíveis desta vida.

Certas mães colocam algo de amargo em seus seios quando querem desmamar o filhinho. Deus torna amargos os prazeres da vida para que, sofrendo com paciência e resignação, demos-lhe alguma prova de nosso amor. Alegra-se finalmente, por adquirirmos maior glória no céu com nossos sofrimentos. Por esses motivos, todos eles de bondade e amor, o Senhor se alegra vendo-nos sofrer.

Concluamos este capítulo. Para praticarmos bem a resignação em todas as tribulações que nos acontecem, é necessário persuadir-nos de que todos os sofrimentos vêm das mãos de Deus, diretamente ou indiretamente através dos homens. Quando nos virmos atribulados, devemos agradecer ao Senhor e aceitar alegremente tudo o que Ele nos manda, porque tudo é para nosso bem: "Todas as coisas concorrem para o bem dos que amam a Deus"[49].

Quando nos aflige alguma tribulação, devemos pensar no inferno, por nós merecido. Todo sofrimento em comparação com o inferno, será sempre imensamente menor. Mas, para sofrer com paciência todas as dores, todos os desprezos e todas as contrariedades, requer-se a oração mais do que qualquer consideração. A ajuda divina que nos será dada depois da oração, comunicar-nos-á a força que não tínhamos. Assim fizeram os santos, recomendaram-se a Deus e venceram todos os sofrimentos e perseguições.

---

[49] Rm 8,28.

ORAÇÃO

Senhor, estou convencido de que, sem sofrer com paciência, não posso ganhar o céu. "Dele é que vem – dizia Davi – minha paciência."[50] *O mesmo quero dizer. Vós me dareis a paciência para sofrer. Quero aceitar com tranquilidade todas as tribulações, mas depois, quando elas chegam, encho-me logo de tristeza e desânimo. Dessa forma sofro sem méritos e sem amor, porque não sei ainda sofrer para vos agradar. Por isso, meu Jesus, eu vos peço, pelos merecimentos de vossa paciência, a graça de sofrer todas as cruzes por vosso amor.*

Eu vos amo de todo o meu coração, divino Redentor. Eu vos amo, meu sumo bem; amo-vos, Jesus, digno de um amor infinito. Arrependo-me de todo o coração e de todos os desgostos que vos tenho dado. Prometo-vos aceitar com resignação todos os sofrimentos que me enviardes; mas espero de vós o socorro para sofrer com paciência, especialmente as dores de minha agonia e de minha morte.

Maria, minha Rainha, alcançai-me uma verdadeira resignação em tudo o que ainda tenha de sofrer na vida e na morte.

---

[50] Sl 61,6.

CAPÍTULO XV

QUEM AMA A JESUS CRISTO, CRÊ EM TODAS AS SUAS PALAVRAS

"A Caridade tudo crê." Quem ama uma pessoa, acredita em tudo o que ela diz. Por isso, quanto maior é o amor de alguém a Jesus Cristo, tanto mais firme e viva é sua fé.

O bom ladrão, vendo nosso Redentor morrendo na cruz sem culpa e sofrendo com tanta paciência, começou a amá-lo. Movido por esse amor e iluminado pela luz divina, acreditou que Ele era verdadeiramente o Filho de Deus; por essa razão pediu-lhe que se lembrasse dele, quando entrasse em seu reino.

A fé é o fundamento da caridade, mas depois, é a caridade que aperfeiçoa a fé. Quem mais perfeitamente ama a Deus, mais perfeitamente crê. A caridade faz que o homem creia, não só com a inteligência, mas também com a vontade. Muitos creem com a inteligência, mas não com a vontade. Assim fazem os pecadores que sabem serem mais que certas as verdades da fé, mas não querem viver conforme os mandamentos divinos. Eles têm uma fé muito fraca. Se tivessem uma fé viva, crendo que a graça divina é um bem maior de todos os bens e que o pecado é um mal maior do que todos os males, por nos privar da graça de Deus, com certeza mudariam de vida. Se preferem os míseros bens deste mundo em vez de Deus, é porque não creem ou creem muito fracamente. Os que acreditam não só com a inteligência, mas também com a vontade, de modo que não só creem, mas querem crer em um Deus que se revela pelo amor que lhes tem, e gostam de crer em Deus, estes sim acreditam perfeitamente. Por isso procuram conformar sua vida com as verdades em que creem.

Maus Costumes

A falta de fé, naqueles que vivem em pecado, não nasce da obscuridade da fé. Embora Deus tenha desejado que as coisas da fé nos fossem em grande parte incompreensíveis e ocultas, para que tivéssemos merecimento em crer, contudo as verdades da fé se tornam evidentes pelos sinais que as manifestam. Não acreditar nelas seria não só imprudência, mas também falta de religião e loucura.

A fraqueza da fé de muitos nasce de seus maus costumes. Quem despreza a amizade de Deus para não se privar dos prazeres ilícitos, desejaria que não houvesse lei que os proibisse, nem castigo para os que pecam. Faz tudo para evitar a reflexão sobre as verdades eternas, a morte, o juízo, o inferno, a justiça divina. Tudo isso lhe causa muito medo e torna amargos os seus prazeres. Espreme, então, o cérebro procurando razões, ao menos prováveis, para se persuadir ou se convencer de que não existe alma, nem Deus, nem inferno. Assim poderiam viver e morrer como o animal que não conhece lei nem razão.

A dissolução dos costumes é a fonte donde nascem e saem todos os dias tantos livros e sistemas materialistas indiferentistas, deístas e naturalistas. Uns negam a existência de Deus; outros negam a Providência Divina, dizendo que Deus, depois de criar os homens, não se importa mais com eles, sendo-lhes indiferente se o amam ou se o ofendem, se os homens se salvam ou se perdem. Outros negam a bondade divina, afirmando que Deus criou muitas almas para o inferno, forçando-as Ele mesmo a pecarem para que assim se condenem e o amaldiçoem para sempre no fogo eterno.

– Tudo isso é ingratidão e maldade dos homens! Deus os criou por sua misericórdia para os fazer eternamente felizes no céu. Encheu-os de tantas luzes, benefícios e graças, para que alcançássemos a vida eterna. Para esse mesmo fim, Ele os remiu com tantas dores e com tanto amor. E os homens se esforçam por não acreditar em nada, para se entregarem aos vícios e viverem à vontade.

Mas, não adianta! Por mais esforços que façam, nunca esses infelizes poderão libertar-se do remorso da má consciência e do temor da justiça divina[1]. Certamente não poriam em dúvida as verdades da fé e acreditariam firmemente em todas as verdades reveladas por Deus, se deixassem os vícios e se dedicassem a amar a Jesus Cristo.

Verdades Eternas

Quem ama a Jesus Cristo de todo o coração, tem sempre diante dos olhos as verdades eternas e por elas regula suas ações. Quem ama a Jesus Cristo, entende muito bem o que diz a Escritura: "Vaidade das vaidades, tudo é vaidade"[2]. Toda a grandeza terrena é fumaça, engano e lodo: o único bem e felicidade de uma alma consiste em amar seu Criador

---

[1] Sto. Afonso relembra aqui um outro escrito seu: "A Verdade da Fé", na qual demonstrou com clareza a falta de consistência de todos os sistemas dos incrédulos modernos.

[2] Eclo 1,2.

e em fazer-lhe a vontade. Nós somos o que somos diante de Deus. De nada vale ganhar todo o mundo, se a alma se perde. Todos os bens da terra não podem contentar o coração do homem; só Deus o satisfaz. Em resumo, é preciso deixar tudo para ganhar tudo!

A caridade tudo crê. Há cristãos que não são tão perversos, como aqueles dos quais falamos, os quais não creem em nada para viverem nos vícios sem remorsos e com mais liberdade. Existem cristãos que acreditam, mas têm uma fé fraca. Creem nos sacrossantos mistérios, creem nas verdades reveladas do Evangelho: a Santíssima Trindade, a Redenção, os Sacramentos e outras, mas não creem em todas.

Jesus Cristo disse: "Felizes os pobres, felizes os que choram, felizes os que sofrem perseguições, felizes vós, quando vos amaldiçoarem e disserem todo o mal contra vós"[3]. Foi assim que falou Jesus no Evangelho. Mas como se pode afirmar que creem no Evangelho os que dizem: "Felizes os ricos, felizes os que não sofrem, felizes os que procuram prazeres, infelizes os que são perseguidos e maltratados pelos outros?". É forçoso dizer destas pessoas que, ou não creem no Evangelho ou só creem em parte.

Quem crê em tudo, aceita como felicidade e graça de Deus o ser pobre, o estar doente, o ser mortificado, desprezado e maltratado pelos homens. Assim crê e assim fala quem crê em tudo o que o Evangelho diz. Essa pessoa tem o verdadeiro amor a Jesus Cristo.

---

[3] Mt 5, 3.5.6.10.11.

ORAÇÃO

Meu amado Redentor, vida de minha alma, eu creio que sois o único bem de ser amado. Creio que sois aquele que me tendes mais amor, porque chegastes a morrer consumido de dores por mim, só por amor.

Creio que nem nesta vida nem na outra, não há maior felicidade do que vos amar e fazer vossa vontade. Tudo isso creio firmemente e, por isso, a tudo renuncio para ser todo vosso e só a vós possuir. Ajudai-me pelos méritos de vossa paixão e fazei-me ser como desejais que eu seja.

Verdade infalível, eu creio em vós. Misericórdia infinita, eu confio em vós. Bondade infinita, eu vos amo. Amor infinito que vos destes todo a mim em vossa paixão e no sacramento da Eucaristia, eu me dou todo a vós.

Também a vós me recomendo, Maria, Mãe de Deus, refúgio dos pecadores.

CAPÍTULO XVI

QUEM AMA A JESUS CRISTO DELE TUDO ESPERA

"A Caridade tudo espera." A esperança faz crescer a caridade, e a caridade faz crescer a esperança. A esperança na bondade divina faz crescer o amor a Jesus Cristo. Escreve Santo Tomás que "no momento em que esperamos algum bem de alguma pessoa, começamos a amá-la"[1]. Por isso, o Senhor não quer que ponhamos nossa confiança nas criaturas: "Não coloqueis nos poderosos vossa confiança"[2]. Ele amaldiçoa quem confia no homem, dizendo: "maldito o homem que confia no homem"[3]. Deus não quer que confiemos nas criaturas, porque não quer que coloquemos nelas nosso amor.

São Vicente de Paulo dizia: "Cuidemos em não nos apoiarmos muito na proteção dos homens, porque o Senhor, quando nos vê apoiados neles, retira-se de nós. Ao contrário, quanto mais confiamos em Deus, tanto mais progredimos em seu amor"[4].

"Correrei pelo caminho de vossos mandamentos, porque sois vós que dilatais meu coração."[5] Corre no caminho da perfeição quem possui o coração dilatado na confiança em Deus. Digo mais, não só corre, mas voa, porque tendo depositado toda a sua esperança no Senhor, deixará de ser fraco

---

[1] Sto. Tomás, Sum. Theol. I-II, q. 40, a. 7, C.

[2] Sl 145,3.

[3] Jr 17,5.

[4] Abelly, Vie, 1. 3, c. 3, section I e II.

[5] Sl 118.32.

como era. Tornar-se-á forte com a força de Deus comunicada a todos os que confiam em Deus: "Aqueles que esperam no Senhor renovam suas forças; terão asas como de águia. Correrão sem se cansar, irão para frente sem se fatigar"[6]. A águia, quanto mais se levanta em seu voo, mais se avizinha do sol; do mesmo modo a alma, fortalecida com a confiança, desprende-se da terra e mais se une a Deus pelo amor.

Assim como a esperança ajuda a aumentar o amor de Deus, assim também o amor aumenta a esperança, porque a caridade nos faz filhos adotivos de Deus. Na ordem natural somos obras de suas mãos. Na ordem sobrenatural, pelos merecimentos de Jesus Cristo, somos filhos de Deus e participantes da natureza divina (2Pd 1,4). E se a caridade nos faz filhos de Deus, como consequência nos faz também herdeiros do céu: "Se somos filhos, também somos herdeiros", diz São Paulo[7]. Ora, aos filhos compete habitar a casa do pai. Aos herdeiros pertence a herança, e por isso a caridade faz crescer a esperança do paraíso. Dessa forma, quem ama a Deus não cessa de continuamente exclamar: Venha a nós o vosso reino!

Esperança no Amor

Deus ama a quem o ama, como se diz na Sagrada Escritura: "Eu amo aqueles que me amam"[8]. Ele enche de graças a quem o procura com amor: "O Senhor é bondoso com a alma que o procura"[9]. Por isso, quem mais ama a Deus, mais espera em sua bondade. Dessa confiança nasce nos santos

[6] Is 40,31.
[7] Rm 8,17.
[8] Pr 8,17.
[9] Lm 3,25.

aquela inalterável tranquilidade, que os fez sempre alegres e sossegados, até mesmo no meio das contrariedades. Amando eles a Jesus Cristo e sabendo quanto Ele é generoso com suas graças para com aqueles que o amam, só nele confiam e nele encontram tranquilidade. É essa a razão por que a alma esposa, descrita no Cântico dos Cânticos, transbordava de felicidade. Não amando senão a Deus, descansava somente nele. Sabendo o quanto Ele é agradecido com quem o ama, estava toda contente. Por isso dela se dizia: "Quem é esta que sobe do deserto mergulhada em felicidade, apoiando-se em seu amado?"[10]. É mais do que certo o que diz a Escritura: "Todos os bens me vieram junto com ela"[11]; junto com a caridade nos vêm todos os bens.

O objeto primário da esperança cristã é Deus, de cuja presença gozam as almas no céu. Mas não pensemos que a esperança de gozar da presença de Deus no céu seja um obstáculo para a caridade, porque a esperança está inseparavelmente unida à caridade. No céu a caridade se aperfeiçoa e encontra seu complemento.

A caridade, como diz a Sagrada Escritura, é aquele tesouro infinito que nos faz amigos de Deus: "Ela é para os homens um tesouro inesgotável, e os que a adquiriram, tornaram-se amigos de Deus"[12].

Escreve Santo Tomás que a amizade tem por fundamento a comunicação de bens. Sendo a amizade um amor recíproco entre os amigos, é necessário que eles reciprocamente façam bem uns aos outros, conforme o que cabe a cada um. "Se não

---

[10] Ct 8,5.
[11] Sb 7,11.
[12] Sb 7,14.

houvesse comunicação de bens, não haveria amizade."[13] Por isso, Jesus disse a seus discípulos: "Eu vos chamei amigos, porque vos dei a conhecer tudo o que ouvi de meu Pai"[14]. Já que Jesus os tinha feito seus amigos, devia comunicar-lhes todos os seus segredos.

Comunhão com Deus

Diz São Francisco de Sales: "Se, por impossível, existisse uma bondade infinita, isto é, um Deus a quem não pertencêssemos de modo nenhum e com quem não pudéssemos ter nenhuma união nem comunicação, com certeza nós a valorizaríamos mais do que a nós mesmos. Poderíamos desejar amá-la, mas não a amaríamos porque o amor exige união. A caridade é uma amizade, e a amizade tem por fundamento a comunicação e por finalidade a união"[15].

Portanto ensina Santo Tomás que a caridade não exclui o desejo da recompensa que Deus nos prepara no céu, mas até nos faz considerá-la como principal objetivo de nosso amor que é Deus, felicidade dos bem-aventurados.

É próprio da amizade que os amigos desfrutem mutuamente uns dos outros[16].

Esta é aquela recíproca comunicação de dons de que fala o Cântico dos Cânticos: "Aquele que eu amo existe para mim e eu para Ele"[17]. A alma no céu se dá toda a Deus e Deus se dá todo à alma na medida em que ela é capaz e segundo seus merecimentos.

---

[13] Sto. Tomás, Sum. Theol. I-II, q. 65, a. 5 – a. 5, c.

[14] Jo 15,15.

[15] S. Francisco de Sales: Traité de l'amour de Dieu, 1. 10, c. 10.

[16] Sto. Tomás, em III Sen. Dist. 29. 1. 1, a. 4.

[17] Ct 2,16.

Conhecendo seu nada diante da infinita amabilidade de Deus e vendo que Deus merece ser amado infinitamente mais por ela do que ela por Deus, a alma deseja mais o agrado de Deus do que sua própria satisfação. Por isso, mais se alegra em dar-se a Deus para lhe agradar, do que Deus dar-se todo a ela; e tanto se alegra que Deus se doe a ela, quanto isso a inflama a dar-se toda a Deus com amor mais intenso. Goza já da glória comunicada por Deus, mas goza da glória para atribuí-la ao mesmo Deus e aumentar-lhe a glória o quanto pode.

No céu, a alma, vendo a Deus, não pode deixar de amá-lo com todas as suas forças. Também Deus não pode odiar quem o ama. É um absurdo, mas se Deus pudesse odiar alguém que o ama e se alguém no céu pudesse viver sem o amar, esse alguém preferiria sofrer todos os tormentos do inferno, contanto que lhe fosse dado amar a Deus, a viver sem o amar, mesmo gozando de todas as outras felicidades do Paraíso. Sim, porque conhecendo que Deus merece ser amado infinitamente mais do que ela, a alma deseja muito mais amar do que ser amada por Ele.

Tudo espera

A caridade tudo espera. A esperança cristã, como ensina Santo Tomás: "é a espera certa da felicidade eterna"[18]. Tal certeza nasce da promessa infalível de Deus em dar a vida eterna a seus servos fiéis.

A caridade elimina o pecado, eliminando assim o impedimento de conseguir o céu. Por isso, quanto maior é a

[18] Sto. Tomás, em III Sen. Dist. 26, 6.

caridade, maior e mais firme se torna nossa esperança: esta não pode certamente ser um obstáculo ao amor de Deus. O amor tende naturalmente à união com a pessoa que se ama[19], ele é como um laço de ouro que une os corações de quem ama e de quem é amado[20]. Não podendo essa união fazer-se a distância, quem ama deseja sempre a presença de seu amado. A alma, descrita no Cântico dos Cânticos, definhava afastada de seu amado; pedia a suas companheiras que lhe contassem seu sofrimento para que ele viesse consolá-la com sua presença: "Suplico-vos, filhas de Jerusalém, se encontrardes o meu amado, dizei-lhe que estou doente de amor"[21].

Uma pessoa que ama muito a Jesus Cristo, enquanto vive neste mundo, não deixa de desejar e esperar ir logo para o céu a fim de unir-se com seu amado Senhor.

É puro e perfeito amor o desejo de ir ver Deus no céu. Não tanto pela felicidade que lá experimentaremos em amá-lo, mas pelo prazer que lhe daremos amando-o.

A felicidade que os santos do céu sentem em amar a Deus, não impede a pureza de sua caridade. Tal felicidade é inseparável do amor. Os santos se satisfazem muito mais no amor que dão a Deus, do que no prazer que sentem em amá-lo. Mas dirá alguém:

– Desejar uma recompensa é ambição e não amizade.

– É necessário distinguir as recompensas temporais que os homens prometem, da recompensa do céu prometida por Deus a quem o ama.

---

[19] Dionísio Areopagita, De divinis nominibus, c. 4, § 12 e 15: MG 3-710-714.
[20] Sto. Agostinho, De Trinitate, 1. 8. c. 10, n. 14 – ML 42-960.
[21] Ct 5,8.

As recompensas que os homens dão distinguem-se de suas pessoas, pois remunerando os outros, eles não se dão a si mesmos, mas somente seus bens; enquanto que a principal recompensa que Deus faz aos santos é dar-se todo a eles: "Eu serei a tua recompensa extremamente grande"[22]. Portanto, desejar o paraíso é o mesmo que desejar a Deus, nosso fim último.

Quero apresentar aqui uma dúvida que facilmente pode vir à mente de uma pessoa que ama a Deus e que procura em tudo fazer sua santa vontade.

– Se, por acaso, fosse revelada a uma pessoa sua condenação eterna, ela estaria obrigada a aceitá-la para se conformar com a vontade de Deus?

– Não, ensina Santo Tomás. Chega até afirmar que peca, se consente nisso, porque consentiria em viver em um estado unido ao pecado e contrário ao fim último determinado por Deus. Deus não criou os homens para o inferno onde o odeiam, mas para o céu onde o amam. Deus não quer a morte do pecador, mas que todos se convertam e se salvem. "O Senhor não quer ninguém condenado senão pelo pecado. Por isso, se alguém consentisse em sua própria condenação, não se conformaria com a vontade de Deus, mas com a vontade do pecado."[23]

– E se Deus, prevendo o pecado de alguém, tivesse lavrado o decreto de sua condenação, e revelando-o à pessoa, estaria ela obrigada a consentir nele?

– "De nenhum modo. Deveria entender aquela revelação, não como um decreto irrevogável, mas como uma ameaça no caso de persistir no pecado."[24]

---

[22] Gn 15,1.

[23] Sto. Tomás de Aquino, De Veritate, q. 33, a. 8.

[24] Idem: Quaestiones disp. q. 23 – De Voluntate Dei, a. 8 ad 2.

Mas, afastemos de nosso espírito tão tristes pensamentos que não servem para nada, senão para diminuir a confiança e esfriar o amor. Amemos a Jesus Cristo o quanto podemos neste mundo. Desejemos a todo o instante ir vê-lo no céu para lá amarmos perfeitamente. Seja esse o principal objeto de toda a nossa esperança: ir lá amá-lo com todas as nossas forças.

Temos nesta vida o mandamento de amar a Deus com todas as nossas forças: "Amarás o Senhor, teu Deus, com todo o teu coração, com toda a tua alma, com todas as tuas forças"[25]. Mas diz Santo Tomás que esse mandamento não pode ser perfeitamente cumprido pelos homens nesta vida[26]. Somente Jesus Cristo, o homem e Deus, e Maria Santíssima, a cheia de graça e livre da culpa original, é que o cumpriram perfeitamente. Nós, pobres filhos de Adão, contagiados pelo pecado, não podemos amar a Deus sem alguma imperfeição. Só no céu, quando virmos Deus face a face, nós o amaremos e até teremos necessidade de amá-lo com todas as nossas forças.

Eis a meta a que devem tender todos os nossos desejos, aspirações, pensamentos, nossas esperanças: ir gozar de Deus no paraíso para amá-lo com todas as nossas forças e gozar do gozo de Deus! Gozam, sim, os santos de sua felicidade no céu, mas o gozo principal que ultrapassa todos os outros prazeres será o de conhecerem a felicidade infinita de Deus, pois amam mais a Ele do que a si mesmos.

Qualquer santo, pelo amor que tem a Deus, perderia com prazer todas as suas alegrias e sofreria tudo para que não faltasse

---

[25] Lc 10,27.

[26] Sto. Tomás, Sum. Theol. II-II, q. 44, a. 6 c.

a Deus – se lhe fosse possível faltar – uma parcela mínima da felicidade que Ele goza. Todo o seu paraíso consiste em ver que Deus é infinitamente feliz e que sua felicidade nunca lhe pode faltar. Dessa forma se entende o que diz o Senhor a toda a alma, ao lhe dar o céu: "Entra no gozo de teu Senhor"[27]. Não é o gozo que entra na alma, mas é a alma que entra na felicidade de Deus. A felicidade de Deus é o objeto da felicidade do bem-aventurado. Dessa forma, o bem de Deus será seu bem, a riqueza de Deus será sua riqueza, a felicidade de Deus será sua felicidade.

Logo que uma alma entra no céu e vê claramente com a luz da glória a infinita beleza de Deus, achar-se-á toda presa e consumida pelo amor. Ela fica perdida e mergulhada no mar infinito da bondade divina. Esquece de si mesma e, inebriada pelo amor de Deus, não pensa em mais nada, senão em amar seu Deus: "Eles se saciam da abundância de vossa casa"[28].

Uma pessoa embriagada não pensa mais em si. Do mesmo modo quem está no céu não pensa senão em amar e contentar a Deus. Deseja possuí-lo todo, e já o possui todo sem o medo de poder perdê-lo. Deseja dar-se todo a Ele, por amor, em todos os momentos, e já o consegue, porque a todo o momento se entrega sem reservas a Deus. Deus o abraça com amor e, assim abraçado, o tem e terá por toda a eternidade.

A plenitude

A alma no céu está unida toda a Deus e o ama com todas as suas forças, com um amor consumado e perfeito. Esse amor, embora limitado, pois a criatura não é capaz de um

[27] Mt 25,21.
[28] Sl 35,9.

amor infinito, é tal que a contenta e a satisfaz completamente. Ela nada mais deseja. Deus, por sua vez, comunica-se e se une todo à alma, saciando-a na medida da capacidade dela e de seus méritos. Une-se a ela não já por meio de seus dons, luzes, atrativos de amor, como faz conosco nesta vida, mas com sua própria essência. Assim como o fogo penetra o ferro e parece identificar-se com ele, assim também Deus penetra e preenche a alma. Embora não perca sua personalidade, ela fica de tal modo repleta e abismada naquele mar imenso da substância divina, como que aniquilada e como se não existisse. Era essa a felicidade que São Paulo pedia para seus discípulos: "Que sejais saciados de toda a plenitude de Deus"[29].

É esse o fim último que o Senhor, em sua bondade, permite-nos conseguir em outra vida. Enquanto a alma não chega a se unir com Deus no céu, onde se realiza a união perfeita, não pode ter aqui na terra seu perfeito repouso.

É verdade que quem ama a Jesus Cristo encontra na conformidade com a vontade de Deus a sua paz, mas não encontra nesta vida seu repouso completo. Este só se alcança atingindo o fim último que é ver Deus face a face, e ser consumido por seu amor. Enquanto a alma não conseguir essa meta, ela permanece inquieta, sofre e suspira: "Eis que meu sofrimento se mudou em paz"[30].

Sim, meu Deus, vivo em paz neste vale de lágrimas, porque essa é a vossa vontade, mas não posso deixar de sentir uma inexplicável amargura vendo-me longe de vós, ainda não perfeitamente unido convosco, minha meta, meu tudo, meu pleno repouso.

---

[29] Ef 3,19.

[30] Is 38,17.

Os santos, mesmo inflamados de amor de Deus neste mundo, suspiravam pelo céu. O rei Davi dizia: "Pobre de mim, meu desterro se prolongou... Saciar-me-ei, quando aparecer a vossa glória"[31]. São Paulo também dizia de si mesmo: "Desejo estar com Cristo"[32]. São Francisco de Assis afirmava: "É tão grande o bem que espero, que todo o sofrimento me é um prazer"[33]. Todos esses são atos de perfeito amor.

Ensina Santo Tomás que o grau mais alto de caridade a que pode chegar uma alma nesta vida é desejar intensamente ir unir-se com Deus e gozar dele no céu[34]. Esse gozar de Deus no céu, como já dissemos, consiste não tanto em receber a felicidade dada por Deus, mas na felicidade do gozo de Deus, amado pela alma mais que a si mesma.

O maior tormento das almas do purgatório é o desejo de possuir Deus que ainda não possuem. Esse sofrimento afligirá especialmente aqueles que, durante a vida, desejaram pouco o céu. São Roberto Belarmino fala de um "cárcere de honra" no purgatório, onde algumas almas não sofrem nos sentidos, mas somente a privação da visão de Deus[35]. Esse sofrimento lhes é dado, não pelos pecados cometidos, mas pela frieza com que desejaram o paraíso.

Muitas pessoas desejam a perfeição e depois encaram com demasiada indiferença o ir para o céu para ver a Deus, ou continuar vivendo aqui na terra. A vida eterna é um bem

---

[31] Sl 119,5; 16,15.

[32] Fl 1,23.

[33] Fioretti di S. Francesco. Delle sacrosante Istimate di Santo Francesco, Considerazione I.

[34] Sto. Tomás, Sum. Theol. II-II, q. 24, a. 9, c.

[35] S. Roberto Belarmino, De Purgatório, 1. 2, c. 7. – Sto. Afonso diz ainda: "Sobre esse assunto se referem S. Gregório Magno, S. Beda, S. Vicente Ferrer, Santa Brígida.

imensamente grande que Jesus Cristo mereceu com sua morte, por isso é justo o sofrimento para aqueles que a desejaram pouco em sua vida.

ORAÇÃO

Meu Deus, meu Criador e Redentor, vós me criastes e me remistes para me levardes ao paraíso. Ofendendo-vos tantas vezes, renunciei abertamente ao céu e me contentei de me ver condenado. Bendita seja sempre vossa infinita misericórdia que, tendo-me perdoado – como espero – livrou-me tantas vezes do inferno! Meu Jesus, quem me dera nunca vos ter ofendido e vos ter sempre amado. Consola-me que ainda tenho tempo de vos amar.

Amo-vos com todo o meu coração, mais do que a mim mesmo. Vejo que me quereis salvar para que vos ame por toda a eternidade, naquele reino de amor. Agradeço-vos e vos peço vosso auxílio na vida que me resta, pois quero vos amar muito nesta terra, para depois vos amar eternamente no céu.

Meu Jesus, quando chegará o dia em que me verei livre do perigo de jamais vos perder, e cheio de afeto para convosco à vista de vossa beleza infinita, ver-me-ei obrigado a vos amar? Feliz obrigação! Feliz obrigação que me livrará de todo o temor de vos ofender e me fará amar-vos com todas as minhas forças!

Minha consciência me amedronta dizendo: "Como queres aspirar ao céu?" Mas vossos merecimentos, meu querido Redentor, são a minha esperança.

Maria, Rainha do paraíso, vossa proteção junto de Deus é todo-poderosa, em vós confio!

CAPÍTULO XVII

O AMOR A JESUS CRISTO NAS TENTAÇÕES E DESOLAÇÕES

"A Caridade a tudo resiste." Os sofrimentos que mais afligem nesta vida as pessoas que amam a Deus não são a pobreza, as doenças, as injúrias ou as perseguições, mas sim as tentações e tribulações espirituais.

Quando uma alma goza da presença amorosa de Deus, todas as dores, os desprezos e os maus-tratos, em vez de afligirem, consolam, pois são motivos para oferecer a Deus alguma prova de seu amor. São lenha que ateia mais fogo. Mas o ver-se tentada a perder a graça de Deus ou o sentir o temor na desolação de já tê-la perdido, são esses os sofrimentos mais amargos para quem ama de coração a Jesus Cristo. Mas o próprio amor a Deus lhe dá forças para sofrer com paciência e continuar no caminho da perfeição. E quanto progridem as almas no caminho da perfeição com essas provas, que Deus costuma exigir-lhes de seu amor!

I. AS TENTAÇÕES

Para quem ama a Jesus Cristo não há sofrimento pior que as tentações. Todos os outros sofrimentos o estimulam a se unir mais com Deus, quando aceitos com generosidade. As tentações, porém, impelem a pecar, a se separar de Jesus Cristo e, por isso, são muito mais amargas do que todos os outros sofrimentos. É preciso, porém, notar que todas as tentações, que impelem para o mal, não vêm de Deus, mas do demônio ou das más inclinações: "Deus é incapaz de tentar para o mal, e Ele não tenta ninguém"[1].

Contudo, Ele permite, às vezes, que as almas, que lhe são mais caras, sejam tentadas mais fortemente. Primeiramente, para que conheçam melhor sua fraqueza e a necessidade que têm do auxílio de Deus para não caírem. Quando uma pessoa se encontra interiormente consolada por Deus, pensa ser capaz de vencer todas as tentações e realizar qualquer trabalho pela glória de Deus. Vendo-se, porém, duramente tentada, à beira do precipício, e quase caindo, é então que reconhece melhor sua miséria e sua incapacidade para resistir, se Deus não a socorre. Foi isso justamente o que aconteceu a São Paulo que escreveu: "E para que a grandeza das revelações não me ensoberbecesse, foi-me dado o estímulo de minha carne, um anjo de satanás, que me esbofeteie"[2].

Em segundo lugar, Deus permite as tentações para que vivamos mais desapegados deste mundo, e desejemos mais ardentemente ir vê-lo no céu.

As pessoas de bom coração, vendo-se tentadas nesta vida dia e noite, enfastiam-se de viver e dizem: "Ai de mim, meu desterro se prolonga", suspirando pela hora em que poderão dizer: "A cadeia se rompeu e nós ficamos livres"[3]. A alma quer voar para Deus, mas enquanto vive neste mundo, está presa por uma cadeia que a segura aqui na terra, onde é atormentada continuamente pelas tentações. Essa cadeia não se rompe senão com a morte. Por isso, as almas que amam o Senhor suspiram pela morte que as tire do perigo de perderem a Deus.

---

[1] Tg 1,13.

[2] 2Cor 12,7.

[3] Sl 119, 5 e 123,7.

Em terceiro lugar, Deus permite as tentações para nos enriquecer com méritos, como disse o anjo a Tobias: "Porque eras aceito a Deus, foi necessário que a tentação te provasse"[4].

Portanto, não devemos recear de estar sem a graça de Deus pelo fato de sermos tentados; pelo contrário, então devemos esperar ser mais amados por Deus. E engano do demônio o fazer certas almas fracas acreditarem que as tentações são pecados que mancham a alma. Não são os maus pensamentos que fazem perder a Deus, mas sim os maus consentimentos. Por fortes que sejam as tentações do demônio, por mais vivas que sejam as imaginações impuras assaltando nosso espírito, se nós não as queremos, não mancham a alma, mas a tornam mais pura, mais forte e mais querida de Deus.

Diz São Bernardo que todas as vezes que vencemos as tentações, ganhamos um novo mérito: "Quantas vezes vencemos, tantas vezes somos coroados"[5]. Não nos espantemos com o mau pensamento que não sai de nossa cabeça e continua a nos atormentar: basta que o detestemos e procuremos afastá-lo.

Deus fiel

"Deus é fiel e não permitirá que sejais tentados acima de vossas forças." Quem resiste às tentações não perde nada, "mas tira delas grande proveito"[6]. Por isso, o Senhor muitas vezes permite tentações às almas mais escolhidas para que adquiram maiores méritos neste mundo e mais glória no céu.

---

[4] Tb 12,13.

[5] S. Bernardo, In Quadragesima, sermo 5, n. 3. ML 183-179.

[6] 1Cor 10,13.

A água parada logo apodrece. Do mesmo modo a alma ociosa, sem tentações e lutas, corre o risco de se perder com alguma complacência no próprio merecimento, julgando talvez ter atingido a perfeição. Descuida-se do temor de Deus e, por isso, pouco se recomenda a Deus e pouco se esforça para assegurar sua salvação. Quando, porém, é agitada pelas tentações, vendo-se no perigo de cair no pecado, recorre a Deus, recorre à Mãe de Deus, renova os propósitos de antes morrer do que pecar. Humilha-se e se lança nos braços da divina misericórdia, adquirindo assim mais força e unindo-se mais a Deus, como nos mostra a experiência.

Nem por isso devemos desejar as tentações. Pelo contrário, devemos pedir sempre a Deus que nos livre delas, especialmente daquelas nas quais Deus vê que seremos vencidos. É justamente isso que pedimos no Pai-Nosso: "Não nos deixeis cair em tentação". Mas quando Deus permite que sejamos tentados, não nos inquietemos com os maus pensamentos e não nos abatamos; confiemos em Jesus Cristo e peçamos ajuda. Ele, na certa, não deixará de dar-nos a força para resistir à tentação. Diz Santo Agostinho: "Entrega-te a Deus e não temas, porque, se Ele te coloca na luta, certamente não te deixará sozinho para que caias"[7].

Vejamos agora os meios que devemos usar para vencer as tentações.

Os mestres da vida espiritual indicam muitos. O meio mais necessário e mais seguro – só deste falarei aqui – é recorrer logo a Deus com humildade e confiança: "Deus, vinde em meu auxílio; Senhor, apressai-vos em me socorrer"[8]. Senhor,

---

[7] Sto. Agostinho, Confessiones, l. 8, c. 11, n. 27. ML 32-761.
[8] Sl 69,2.

ajudai-me e ajudai-me depressa! Só essa oração bastará para nos fazer vencer os assaltos de todos os demônios do inferno, porque Deus é infinitamente mais forte do que todos eles.

Deus bem sabe que não temos força para resistir às tentações. Por isso, diz o Cardeal Gotti: "Quando somos tentados e estamos em perigo de sucumbir, se recorrermos a Deus, Ele é obrigado a nos conceder forças suficientes para que possamos resistir"[9].

Como podemos recear que Jesus Cristo não nos ajude, depois de tantas promessas que fez na Sagrada Escritura? "Vinde a mim, vós todos que estais aflitos sob o fardo, e eu vos aliviarei... Invoca-me no dia da tribulação, livrar-te-ei e honrar-me-ás... Então o invocarás e o Senhor te ouvirá. Chamarás e Ele dirá: Eis-me aqui."[10] No momento do perigo, chamarás o Senhor em teu auxílio e Ele te ouvirá. Clamarás: Senhor, apressai-vos em me socorrer. Ele dirá: Aqui estou, pronto a te ajudar. "Quem jamais invocou o Senhor e foi por Ele desprezado?"[11] Quem – diz o profeta Davi – invocou o Senhor e Ele o desprezou sem o socorrer? Davi sentia tanta força com esse poderoso meio da oração, que tinha a certeza de nunca ser vencido pelos inimigos: "Invocarei o Senhor digno de todo o louvor, e ficarei livre de meus inimigos"[12]. Ele já sabia que Deus está perto daquele que o chama em seu auxílio: "O Senhor está perto de todos os que o invocam"[13]. São Paulo acrescenta que "Deus não é avarento, mas rico de graças para com todos os que o invocam"[14].

[9] Cardeal Gotti, Theol. Schol., t. 2, tr. 6, 9, 2, § 3, n. 30.
[10] Mt 11,18; Sl 49,15; Is 58,9.
[11] Eclo 2,12.
[12] Sl 17,4.
[13] Sl 144,18.
[14] Rm 10,12.

Oxalá todos os homens recorressem a Deus, quando são tentados a ofendê-lo; certamente nenhum o ofenderia. Caem os coitados porque, impelidos por seus maus instintos, preferem perder o supremo bem, que é Deus, só para não perderem uns breves prazeres.

A experiência mostra de sobra que quem recorre a Deus nas tentações, não cai: quem não recorre, cai, especialmente nas tentações impuras. Salomão bem sabia de sua impossibilidade de ser casto, se Deus não o ajudasse. Por isso, recorria a Deus nas tentações: "Consciente de que não posso ser continente, a não ser por Dom de Deus, voltei-me para o Senhor e o invoquei do fundo do coração"[15].

Nessas tentações impuras – e o mesmo acontece com as tentações contra a fé – não é boa tática a gente se pôr a lutar com elas frente a frente, cara a cara. Quando elas começam, é preciso procurar afastá-las indiretamente, fazendo um ato de amor a Deus ou um ato de arrependimento dos pecados; ou então procurar uma ocupação diferente que nos distraia. Logo que percebemos qualquer pensamento mau, é preciso procurar livrar-se dele. Fechar-lhe, por assim dizer, a porta na cara e negar-lhe a entrada na alma sem perguntar-lhe o que diz ou o que pretende. Essas sugestões más devem ser apagadas logo como se faz com uma faísca que de repente salta do fogo sobre nós.

Se a tentação impura já entrou na alma e mostrou o que desejava, provocando os primeiros movimentos nos sentidos, deve-se fazer o que aconselha São Jerônimo: "Logo que sentimos os movimentos da carne, comecemos a gritar: Senhor,

---

[15] Sb 8,21.

sede meu auxílio"[16]. Invoquemos os santíssimos nomes de Jesus e Maria que têm uma força particular para dissipar essa espécie de tentações.

Diz São Francisco de Sales que as crianças, vendo o lobo, correm logo para os braços do pai ou da mãe, pois, ali se sentem seguras. Assim devemos fazer: recorrer imediatamente a Jesus e a Maria[17]. Eu digo "recorrer imediatamente", sem dar atenção à tentação nem discutir com ela.

Se mesmo assim a tentação continua a nos molestar, cuidemos em não nos inquietar e não nos irritar contra ela. De tal inquietação o demônio poderia aproveitar-se para nos fazer cair. Devemos nos conformar com humildade à vontade de Deus que permite essa tentação. Devemos rezar: "Senhor, mereço ser atormentado por esses pensamentos, como castigo pelas ofensas que já vos fiz. Vós me socorrereis e me livrareis deles".

Por isso, se a tentação continua a perseguir-nos, continuemos a invocar os nomes de Jesus e de Maria. Enquanto a tentação persiste nos atormentando, convém renovar o propósito feito a Deus de antes sofrer todas as dores e morrer do que ofendê-lo: ao mesmo tempo não se deve deixar de lhe pedir ajuda. Se a tentação é tão forte que nos vemos em grande perigo de consentir, é preciso redobrar o fervor na oração, recorrer ao Santíssimo Sacramento, ajoelhar-se diante de um crucifixo ou imagem de Nossa Senhora e rezar com ardor, gemer e chorar pedindo ajuda.

É verdade que Deus está pronto a ouvir a quem o invoca, sendo Ele e não o nosso empenho que nos dará forças para resistir. Contudo, às vezes, o Senhor quer de nós esse esforço e depois Ele supre nossa fraqueza, dando-nos a vitória.

---

[16] S. Jerônimo, Epístola 22, ad Eustochium, n. 6. ML 22-398.

[17] S. Francisco de Sales, Introduction à la vie dévote, partie IV, c. 7.

É bom também, na hora da tentação, fazer o sinal da cruz. É bom manifestar a tentação ao diretor espiritual. Dizia São Filipe Néri que a tentação revelada já é vencida pela metade[18].

É bom notar que é doutrina seguida comumente pelos teólogos, mesmo rigoristas, que as pessoas que levaram durante muito tempo uma vida devota, tementes a Deus, quando ficam em dúvida se consentiram em algum pecado grave, devem ficar tranquilas de que não perderam a graça de Deus. É moralmente impossível que a vontade, confirmada por muito tempo nos bons propósitos, mude em um momento e consinta em um pecado mortal, sem perceber claramente. A razão disso é que o pecado mortal é um monstro tão horrível, que não pode entrar em uma alma que por longo tempo o detestou, sem se fazer claramente conhecido. Dizia Santa Teresa: "Ninguém se perde sem saber; ninguém é enganado sem querer ser enganado"[19].

Para algumas pessoas de consciência delicada e virtuosa, mas tímidas e molestadas pelas tentações, especialmente contra a fé ou a castidade, será conveniente, às vezes, que o diretor espiritual lhes proíba revelar ou falar dessas tentações. Para falar delas, terão de refletir como vieram aqueles pensamentos, se houve prazer, complacência ou consentimento. Dessa forma, refletindo muito, esses maus pensamentos causam maior impressão e mais inquietação. Quando o confessor está moralmente certo de que a pessoa não consentiu nesses pensamentos, é melhor obrigá-la a não falar deles. Assim fazia Santa Joana de Chantal. Tendo ela passado muitos anos agitada por grandes tentações, sabendo que não tinha consentido nelas, nunca se confessou disso, mas continuou seguindo a orientação de seu diretor espiritual. Ela diz:

---

[18] Bacci, Vita, 1. 2, c. 13, n. 3: S. Filipe Néri.

[19] Sta. Teresa, Mercedes de Dios, XXVIII, Obras, II, p. 58.

"Nunca tive conhecimento claro de ter consentido"[20]. Dizendo isso, dá a entender que lhe restava algum escrúpulo por causa daquelas tentações, mas se tranquilizava com a obediência ao diretor que lhe proibia confessar tais dúvidas. No mais, falando de modo geral, é muito bom manifestar as tentações ao confessor.

Oração constante

Volto a repetir: entre todos os remédios contra as tentações, o mais eficaz e mais necessário, o remédio dos remédios, é suplicar a Deus o seu auxílio e continuar a pedir enquanto durar a tentação. Não é raro que o Senhor destine a vitória não na primeira oração, mas sim na segunda, na terceira ou na quarta. E preciso que nos convençamos de que da oração depende todo o nosso bem. Da oração depende a nossa mudança de vida, o vencer das tentações; dela depende conseguirmos o amor de Deus, a perfeição, a perseverança e a salvação eterna.

Para alguns leitores de meus livros espirituais eu posso talvez ser enfadonho com tanto recomendar a importância e a necessidade de recorrer a Deus continuamente pela oração. Mas, não me parece ter falado demais, mas ainda muito pouco. Eu sei que somos tentados todos os dias, todas as noites, e que o demônio não perde ocasião para nos fazer cair. Sei que, sem a ajuda de Deus, não temos força para resistir aos assaltos do demônio. Por isso mesmo, diz São Paulo: "Revesti-vos da armadura de Deus para que possais resistir às ciladas do demônio. Porque nós não temos de lutar somente contra a carne e o sangue, mas sim contra os príncipes e potestades, contra os dominadores deste mundo tenebroso"[21].

---

[20] Mère de Chaugy, Mémoires, partie III, c. 27.

[21] Ef 6,11-12.

Quais são essas armas que São Paulo nos manda revestir para resistir ao demônio? Ei-las: "Orando continuamente em espírito com toda a perseverança"[22]. Essas armas são as orações contínuas e fervorosas a Deus para que nos socorra e para que não sejamos vencidos.

A Sagrada Escritura, tanto no Antigo como no Novo Testamento, exorta-nos a orar: "Invoca-me e eu te livrarei. Recorre a mim e eu te ouvirei. É preciso orar sempre sem desfalecer. Pedi e vos será dado. Vigiai e orai. Orai sem cessar"[23]. Não me parece, portanto, ter falado demais da oração; pelo contrário, acho que falei muito pouco.

Eu desejaria que todos os pregadores nada recomendassem tanto a seus ouvintes como a oração e que os confessores nada aconselhassem com mais calor a seus penitentes do que a oração. Quereria que os que escrevessem livros espirituais falassem mais abundantemente da oração. Mas eu me lamento e penso até que seja um castigo de nossos pecados o fato de tantos pregadores, confessores e escritores falarem tão pouco da oração. Não há dúvida de que as pregações, as meditações, as comunhões, as mortificações ajudam a vida espiritual. Mas se, quando vêm as tentações, não nos recomendamos a Deus, apesar de todas as pregações, meditações, comunhões, penitências e de todos os bons propósitos feitos, acabaremos por cair.

Portanto, se queremos nos salvar, rezemos sempre. Recomendemo-nos a Jesus Cristo, nosso Redentor, especialmente no momento da tentação. Peçamos-lhe não só a perseverança final, mas também a graça de rezar sempre. Recomendemo-

[22] Ef 6,18.

[23] Sl 49,15; Jr 33,3; Lc 18,1; Mt 7,7; 26,61; 1Ts 5,17.

-nos também à Mãe de Deus que é a dispensadora das graças, como diz São Bernardo: "Busquemos a graça e busquemo-la por meio de Maria"[24]. O mesmo São Bernardo nos diz que é da vontade de Deus que não recebamos nenhuma graça, sem que passe pelas mãos de Maria: "Deus quis que não recebêssemos nada que não passe pelas mãos de Maria"[25].

ORAÇÃO

Jesus, meu Redentor, espero por vosso sangue que me tenhais perdoado todas as ofensas que vos fiz. Espero um dia ir vos dar graças no paraíso, "cantarei eternamente as misericórdias do Senhor"[26].

Vejo que em minha vida passada, caí e tornei a cair miseravelmente, porque me descuidei de vos pedir a perseverança em vossa graça. É essa perseverança que vos suplico: "Não permitais que eu me separe de vós". Faço o propósito de pedir sempre, especialmente quando me vir tentado a vos defender. Jesus, assim proponho e prometo.

Mas de que me servirá esse propósito e essa promessa, se não me derdes a graça de recorrer a vós? Pelos méritos de vossa paixão, concedei-me a graça de sempre me recomendar a vós em todas as minhas necessidades.

Maria, minha Mãe e minha Rainha, pelo amor que tendes a Jesus Cristo, eu vos suplico que me alcanceis a graça de recorrer sempre a vosso Filho e a vós mesma em toda a minha vida.

---

[24] S. Bernardo, In Nativitate B.V.M., sermo de aquaeductu, n. 8. ML 183-442.
[25] S. Bernardo, In Vigilia Nativitatis Domini sermo 3, n. 10. ML 183-100.
[26] Sl 88,2.

II. ARIDEZ ESPIRITUAL

Diz São Francisco de Sales: "É um erro querer medir nossa devoção através das consolações que experimentamos. A verdadeira piedade no caminho de Deus consiste em ter uma vontade resoluta de fazer tudo que lhe agrada"[27].

Deus une a si as almas que Ele mais ama através da aridez espiritual. O que nos impede a verdadeira união com Deus é o apego a nossas inclinações desordenadas. Por isso, quando Jesus quer atrair uma alma a seu perfeito amor, procura desprendê-la de todos os apegos aos bens criados. Assim a vai afastando dos bens temporais, dos prazeres mundanos, das coisas, das honrarias, dos amigos, dos parentes, da saúde física. Por meio dessas perdas, desgostos, desprezos, mortes e enfermidades, Ele a vai desprendendo de todas as coisas criadas para levá-la a colocar em seu Criador todas as suas afeições.

Para afeiçoá-la aos bens espirituais, Deus lhe faz experimentar muitas consolações sensíveis. Por isso, a alma procura desapegar-se dos prazeres sensuais e até mesmo praticar mortificações. É preciso que seu diretor espiritual a ajude negando-lhe licença de fazer mortificações, ao menos em tudo que pede. Levada por esse entusiasmo sensível, poderia facilmente prejudicar a saúde.

É tática do demônio, vendo uma alma dar-se a Deus e percebendo que Deus a consola como o faz com principiantes, procura fazer-lhe perder a saúde com penitências indiscretas. Depois, vindo as doenças, poderá deixar não só as penitências mas também a oração, a comunhão e todos os exercícios piedosos e voltar à vida antiga. Por isso, o diretor

[27] S. Francisco de Sales, Introduction à vie dévote, partie IV, c. 13.

espiritual deve ser muito sóbrio em conceder licenças a essas almas que começam a vida espiritual e procuram as penitências. Procure exortá-las a se mortificarem interiormente, sofrendo com paciência os desprezos e contrariedades, obedecendo aos superiores, refreando a curiosidade dos olhos e dos ouvidos e outras coisas semelhantes. Diga-lhes que depois, quando tiverem adquirido o costume de praticar essas mortificações internas, poderão praticar as mortificações externas.

É claro o erro daqueles que dizem que as mortificações externas de nada ou pouco servem. Está fora de dúvida que as mortificações internas são necessárias à perfeição. Mas nem por isso deixam de ser necessárias também as externas. Dizia São Vicente de Paulo que quem não pratica as mortificações externas, não será mortificado nem externa nem internamente[28]. E acrescentava São João da Cruz que não se deve dar crédito a um diretor espiritual que despreza as mortificações externas, ainda que ele fizesse milagres[29].

Mas voltemos ao assunto. A alma que se dá a Deus, experimenta a princípio, consolações sensíveis. O Senhor procura atraí-la e desprendê-la dos prazeres terrenos, para que ela vá se desapegando das criaturas e unindo-se a Ele. Contudo, pode unir-se a Ele seguindo um caminho errado, levada mais pelo gosto das consolações espirituais, do que por uma verdadeira vontade de agradar a Deus. Engana-se, pensando que tanto mais o ama, quanto mais gosto encontra em suas devoções. Daí provém inquietar-se e afligir-se ao ser perturbada nos exercícios de piedade que lhe davam prazer, quando deve fazer outras coisas por obediência, ou por caridade, ou por obrigações de seu próprio estado.

---

[28] Abelly, Vie, 1. 3, c. 24, section 1: S. Vicente de Paulo.

[29] Marco di S. Francesco, Vita, 1. 2, c. 4. Opere del Santo (S. João da Cruz).

É um defeito universal de nossa fraca humanidade procurar em tudo a própria satisfação. Não encontrando nestes exercícios o prazer desejado, deixa-os ou ao menos os reduz. Reduzindo-os de dia para dia, finalmente deixa todos. Essa desgraça acontece a muitas almas. Chamadas por Deus a seu amor, começam a marchar no caminho da perfeição e avançam enquanto duram as consolações espirituais. Mas depois, quando elas acabam, abandonam tudo e voltam à vida antiga. É preciso persuadir-nos de que o amor de Deus e a perfeição não consistem em sentir consolações, mas em vencer o amor-próprio e fazer a vontade de Deus. Diz São Francisco de Sales: "Deus é tão digno de nosso amor quando nos consola, como quando nos faz sofrer"[30].

No tempo das consolações não é grande virtude deixar os gostos sensíveis e suportar as ofensas e contrariedades. No meio das alegrias a alma suporta tudo. Essa paciência nasce, muitas vezes, mais das consolações do que da força do verdadeiro amor a Deus. Por isso, com a finalidade de consolidá-la na virtude, o Senhor retira-se e lhe recusa esses gostos sensíveis para destruir todo o apego ao amor-próprio que se alimentava com tais satisfações. Primeiro sentia gosto em fazer atos de oferecimento, confiança, amor; depois que secou a fonte de consolações, faz estes atos com frieza e dificuldade. Fica aborrecida com os exercícios mais piedosos, com a oração, com a leitura espiritual, com a comunhão. Só vê trevas e temores e tudo lhe parece perdido. Reza, torna a rezar, e se aflige por lhe parecer que Deus não a ouve.

Vejamos na prática o que devemos fazer de nossa parte. Quando o Senhor, por sua misericórdia, consola-nos com visitas consoladoras e nos faz sentir a presença de sua graça, não é bom rejeitar essas consolações, como queriam alguns falsos místicos.

---

[30] S. Francisco de Sales, Traité de l'amour de Dieu, 1. 9, c. 2.

Aceitemo-las agradecidos, mas cuidemos em não nos determos nelas com complacências. A isto São João da Cruz chama de "gula espiritual", o que é um defeito e não agrada a Deus[31].

Esforcemo-nos em afastar de nossa alma a complacência sensível nessas consolações. Cuidemos especialmente em não pensar que Ele usa de tais finezas conosco, porque nos comportamos com Ele de forma melhor que os outros. Esse pensamento de vaidade obrigaria o Senhor a retirar-se inteiramente de nós e a nos deixar em nossa miséria. Devemos agradecer a Deus porque essas consolações espirituais são dons que Ele nos fez, bem maiores do que todas as riquezas e honras temporais. Não sejamos famintos em saborear essas satisfações sensíveis, mas sejamos humildes, tendo diante dos olhos os pecados da vida passada.

É preciso crer que essas consolações são pura consequência da bondade de Deus. Talvez o Senhor antes nos conforte para que depois soframos com paciência alguma grande tribulação que deseja nos enviar. Por isso, ofereçamo-nos para suportar qualquer sofrimento externo ou interno, enfermidades, perseguições, aridez espiritual, dizendo-lhe: "Meu Senhor, aqui estou. Fazei de mim e de tudo o que tenho o que vos aprouver. Dai-me a graça de vos amar e de cumprir perfeitamente a vossa vontade, e nada mais vos peço!"

Purificação interior

Quando uma alma tem certeza moral de estar na graça de Deus, embora despojada dos prazeres do mundo e dos dons de Deus, está contente sabendo que ama a Deus e é amada por Ele.

---

[31] S. João da Cruz, Notte oscura del senso. Opere, vol 2, c. 6.

Mas o que faz Deus, querendo vê-la mais purificada e despida de toda a satisfação sensível, para uni-la toda a si por meio de seu puro amor? Coloca-a na prova da desolação que causa uma dor pior do que todos os sofrimentos interiores e exteriores que uma alma pode sofrer. Priva-a do conhecimento de estar na graça e a deixa em densas trevas, de modo a pensar que não mais encontrará a Deus. Às vezes, Ele permite que seja assaltada por fortes tentações dos sentidos, tentações contra a castidade, pensamentos de desconfiança, de desespero e até mesmo de ódio a Deus. Parece-lhe que o Senhor a rejeitou e já não escuta suas orações. De um lado as tentações são fortes e a concupiscência se faz sentir; de outro lado, a alma se vê em tão grande escuridão, que, embora resista com a vontade, não distingue bem se está resistindo como deve às tentações ou se nelas está consentindo. Com isso, cresce-lhe o temor de ter perdido a Deus, e de que Deus, por suas infidelidades nesses combates, justamente a tenha abandonado de todo. Parece-lhe ter chegado à extrema ruína, de não mais amar a Deus e de ser odiada por Ele.

Santa Teresa experimentou essa provação. Diz ela que em tal estado, a solidão já não a consolava, mas lhe era um tormento, e quando ia rezar, parecia-lhe encontrar um inferno[32].

Acontecendo isso a uma alma que ama a Deus, não deve ela ficar aborrecida nem o diretor espiritual ficar assustado. Tais movimentos dos sentidos, as tentações contra a fé, a desconfiança, os impulsos que a movem a odiar a Deus, são temores e tormentos da alma, esforços do inimigo, mas não são atos voluntários e por isso não são pecados.

A pessoa que ama de verdade a Jesus Cristo resiste bem a esses combates e não consente em tais sugestões. Envolvi-

---

[32] Sta. Teresa, Libro de la vida, c. 30, Obras, I, p. 240, 241, 243, 244.

da pelas trevas, não sabe distinguir seu estado e se perturba. Vendo-se afastada da presença da graça, teme e se aflige. Bem se pode ver, nessas almas assim provadas, que tudo é medo e apreensão, mas não realidade. Perguntai-lhes se, enquanto se encontram abandonadas assim, cometeriam um só pecado venial conscientemente. Resolutamente responderiam estar prontas a sofrer, não uma, mas mil mortes, antes de deliberadamente dar um desgosto a Deus.

Devemos distinguir: uma coisa é fazer um ato bom, como vencer a tentação, confiar em Deus, amar e querer o que Deus quer. Outra coisa é conhecer que, de fato, fazemos esse ato bom. Conhecer que fazemos um ato bom traz-nos consolação. O proveito não nos vem de conhecer que praticamos uma boa ação, mas de a praticarmos. Deus contenta-se com o ato feito e priva a alma do conhecimento. Assim Ele lhe tira toda a satisfação própria que, na verdade, nada acrescenta ao ato praticado. O Senhor quer mais nosso proveito do que nossa satisfação.

Consolando uma pessoa aflita, São João da Cruz escreveu-lhe: "Nunca estiveste em melhor estado do que este, porque nunca estiveste tão humilhada e desapegada do mundo. Nunca te reconheceste tão miserável como agora, nem despojada e longe de procurar a ti mesma"[33].

Não creiamos, enfim, ser mais amados de Deus quando sentimos as consolações espirituais, pois, a perfeição não consiste nisso, mas em mortificar nossa vontade e uni-la à vontade de Deus.

Nessa desolação a alma não deve dar ouvidos à tentação que sugere Deus tê-la abandonado, nem deixar a oração, pois é isso que o demônio pretende para jogá-la no precipício. Diz

---

[33] S. João da Cruz, Lettera 13. Opere, part. II.

Santa Teresa: "O Senhor prova com aridez e tentações aqueles que o amam. Ainda que a aridez dure toda a vida, não deixe a alma a oração; tempo virá em que tudo lhe será bem pago"[34].

Em tal estado de sofrimento, a alma deve humilhar-se, julgando-se merecedora de ser assim tratada pelas ofensas feitas a Deus. Humilhar-se e resignar-se inteiramente à vontade divina, dizendo-lhe: "Aqui estou, Senhor. Se me quereis assim desolada e aflita durante toda a minha vida ou mesmo por toda a eternidade, dai-me a vossa graça, fazei que eu vos ame; depois disponde de mim como for de vosso agrado".

Querer a alma ter a certeza de estar na graça de Deus, ou de que isto é provação e não abandono de Deus, será inútil e talvez causa de maior inquietação, pois Ele não quer que ela saiba. Não o quer para maior bem, para que a alma se humilhe mais e multiplique as orações e atos de confiança em sua misericórdia. A alma quer ver e Deus não quer que veja. Além disso, São Francisco de Sales diz: "A resolução de não consentir em nenhum pecado, por pequeno que seja, assegura-nos que estamos em sua graça"[35].

Mas, quando a alma se encontra em grande desolação, nem isso conhece claramente. Ela não deve pretender sentir o que deseja, basta-lhe querer com a limitação de sua vontade. Dessa forma, deve abandonar-se toda nos braços da bondade divina. Oh! Como agradam a Deus esses atos de confiança e de resignação no meio das trevas da desolação! Confiemos no Senhor que, como diz Santa Teresa, ama-nos mais do que nós amamos a nós mesmos[36].

---

[34] Sta. Teresa, Libro de la Vida, c. 11, Obras, I, p. 79-80.

[35] S. Francisco de Sales, Lettre 2092, à la Mère de Chantal, Oeuvres, XXI.

[36] Sta. Teresa, Exclamaciones del alma a Dios, XVII, Obras, IV, p. 292-293.

Consolem-se, pois, essas almas amadas por Deus e que estão resolvidas a ser todas dele, embora se vejam privadas de toda a consolação. Sua dor é sinal de que são muito queridas por Deus e de que Ele preparou para elas um lugar no céu onde a felicidade é plena e eterna. Tenham por certo que, quanto mais aflitas neste mundo, tanto mais serão consoladas no céu: "Segundo as muitas dores que experimentou meu coração, as tuas consolações alegraram minha alma"[37].

Para consolo dessas pessoas, quero acrescentar aqui o que se conta na vida de Santa Joana de Chantal.

Por espaço de quarenta e um anos foi atormentada por terríveis sofrimentos interiores, tentações, medo de não estar na graça de Deus e até de ter sido abandonada por Ele[38]. Eram tão contínuas e tão grandes suas aflições que chegava a dizer que só o pensamento da morte é que lhe dava alívio. "São tão furiosos os assaltos – dizia ela – que eu não sei onde repousar meu pobre espírito. Às vezes, parece-me acabar a paciência e estar ao ponto de perder e deixar tudo. É tão cruel a tirania da tentação, que todas as horas do dia eu trocaria com a morte. Às vezes, chego a perder o sono e a vontade de comer."

Nos últimos anos de sua vida, as tentações tornaram-se mais violentas. Ela sofria dia e noite em contínuo martírio interior quando rezava, quando trabalhava, quando descansava. Era tentada contra todas as virtudes – exceto a

---

[37] Sl 93,19.

[38] Mémoires de la Mère de Chaugy, III partie, c. 27.

castidade – com dúvidas, trevas e repugnâncias. Às vezes, Deus lhe tirava sua luz interior e parecia como que irritado com ela, como que a rejeitando. Assustada, ela virava os olhos para outro lado, procurando algum alívio: mas, não o encontrando, era forçada a olhar para Deus e abandonar-se a sua misericórdia. Parecia-lhe que tivesse para cair a todo momento devido aos ataques das tentações. Embora a assistência divina não a desamparasse, parecia-lhe que o Senhor já a tinha abandonado. Não sentia satisfação alguma, mas só tédio e angústias na oração, na leitura espiritual, na comunhão e em todos os outros exercícios de piedade. Seu único recurso em tal estado de abandono era olhar para seu Deus e entregar-se a sua vontade divina.

"Em todo este meu desamparo – dizia ela – até a simplicidade de minha vida se torna para mim uma nova cruz, aumentada com a incapacidade que sinto de praticar boas obras." Por isso, ela dizia que lhe parecia ser como um doente cheio de dores, sem poder voltar-se de um lado para outro, como um mudo que não pode explicar seus males, como um cego que não vê se lhe dão remédio ou veneno. "Parece-me não ter fé, nem esperança, nem amor a meu Deus."

Apesar de tudo, a santa conservava o rosto sereno, era delicada no trato com as pessoas e mantinha os olhos fixos em Deus, entregando-se à vontade divina.

São Francisco de Sales, seu diretor espiritual, sabendo quanto Deus amava sua bela alma, assim descreveu sobre ela: "Seu coração era como um músico surdo que, embora cantasse maravilhosamente, não podia tirar do canto nenhum prazer"[39]. Mais tarde ela mesma escreveu: "Deveis

---

[39] S. Francisco de Sales, Obras, XVI, carta 947.

servir a vosso Salvador só por amor a sua vontade, com a privação de todas as consolações e com esses dilúvios de tristezas e amarguras"[40]. Assim são feitos os santos.

"Cortadas com o cinzel, polidas e lavradas – diz a Igreja – as pedras brilhantes, unidas com arte e perfeição, elevarão o templo até o céu."[41] Os santos são essas pedras escolhidas: trabalhadas e cinzeladas com as tentações, os temores, as trevas e outros sofrimentos internos e externos, tornam-se aptas para serem colocadas nos tronos do paraíso.

ORAÇÃO

Jesus, minha esperança, minha felicidade, amor único de minha alma, não mereço vossas consolações. Reservai-as para as almas inocentes que sempre vos amaram. Eu, como pecador, sou indigno delas, não vo-las peço. Eis o que desejo: fazei que eu vos ame e cumpra vossa vontade em toda a minha vida; depois disponde de mim como vos aprouver.

Pobre de mim! Por minhas ofensas bem mereci outras trevas, outros temores, outros abandonos. Deveria estar no inferno, onde, separado de vós e rejeitado para sempre, teria de chorar eternamente sem poder vos amar. Jesus, aceito qualquer pena, mas não essa. Mereceis um amor infinito, e muito me obrigastes a vos amar; não poderia viver sem vos amar.

---

[40] Mémoires de la Mère de Chaugy, III partie, c. 26.

[41] Antigo Hino das vésperas "in Dedicatione ecclesiase".

Eu vos amo, Bondade infinita, amo-vos de todo o meu coração e mais do que a mim mesmo. Amar-vos é meu único desejo. Sei que essa boa vontade é puro dom de vossa graça; mas, Senhor, terminai esta obra, sede sempre meu apoio até a morte, não me abandoneis a mim mesmo. Dai-me força para vencer as tentações e a mim mesmo; para isso, fazei que me recomende sempre a vós.

Quero ser todo vosso. Dou-vos meu corpo, minha alma, minha vontade, minha liberdade. Não quero mais viver para mim, mas só para vós, meu Criador e Redentor, "meu Deus e meu tudo". Eu quero tornar-me santo e isso espero de vossa graça. Mortificai-me como quiserdes, privai-me de tudo, contanto que me concedais vossa graça e vosso amor.

Maria, esperança dos pecadores, sois tão poderosa junto de Deus! Tenho grande confiança em vossa intercessão; por vosso amor a Jesus Cristo, eu vos suplico: ajudai-me e fazei-me santo!

Adeus, criaturas, contente vos deixo,
A vós não pertenço, nem meu quero ser.
Liberto de tudo, Deus, hei de morrer;
Sim, todo sou teu, meu caro Jesus,
Só teu quero ser, ó fonte de luz.

Amável Senhor, de mim toma posse
Teu bom coração, ardente de amor;
Reina e governa minha alma, Senhor.
Rebelde te fui outrora enganado,
De mim toma posse, Jesus, meu amado.

Ó fogo sagrado que tornas infelizes
As almas que acendes com chamas d'amor.
Vem logo a meu peito, e com teu ardor
Abrasa minha alma no incêndio sagrado
Do teu puro amor, Senhor adorado.

RESUMO DAS VIRTUDES

Tratadas nesta obra e que devem ser praticadas por quem ama a Jesus Cristo

Sofrer com paciência

É preciso sofrer com paciência todas as tribulações desta vida, as doenças, as dores, a pobreza, a perda dos bens, a morte dos parentes, as injúrias, as perseguições e tudo o que nos contraria. Estejamos persuadidos de que os sofrimentos desta vida são sinais do amor de Deus para conosco, e de seu desejo de nos ver salvos no céu. Compreendamos ainda que agradam mais a Deus as mortificações involuntárias enviadas por Ele do que as voluntárias que são de nossa escolha.

Nas doenças procuremos resignar-nos inteiramente à vontade do Senhor; com isso agradar-lhe-emos mais do que com qualquer outra prática de piedade. Se então não pudermos meditar, olhemos para o crucifixo e ofereçamos a Jesus nossos sofrimentos em união com os que Ele sofreu por nós na cruz.

Quando nos avisarem da aproximação de nossa morte, aceitemo-la em paz em espírito de sacrifício, isto é, com a vontade de morrer para comprazer a Jesus Cristo. Dessa entrega à vontade de Deus nasceu todo o mérito da morte dos mártires. É preciso, pois, dizer a Deus: "Senhor, eis-me aqui; quero o que vós quereis, quero sofrer tudo o que vos aprouver; estou pronto para morrer quando quiserdes". Não peçamos vida mais longa para fazermos penitência de nossos pecados, pois a aceitação da morte com plena resignação vale mais do que todas as penitências.

Conformemo-nos também à vontade divina, quando formos provados pela pobreza e por todos os incômodos que ela nos traz consigo: o frio, a fome, o cansaço, as desonras, os desprezos.

É preciso ainda acolher com resignação a perda dos bens, dos parentes e amigos que, vivendo, poderiam fazer-nos o bem. Acostumemo-nos a repetir em todas as coisas que nos contrariam: "Assim Deus quis, assim também eu quero". Na morte de algum parente, em vez de perdermos tempo chorando sem proveito algum, empreguemo-lo rezando pelo falecido, e ofereçamos a Jesus a dor que sentimos nessa perda.

Esforcemo-nos, enfim, para sofrer com paciência e serenidade os desprezos e as injúrias. A quem nos fala com injúrias, respondamos com mansidão: mas, quando nos sentimos agitados, é melhor sofrer e calar até que se tranquilize nosso espírito. Não nos queixemos a outro das injúrias recebidas, mas ofereçamo-las de coração a Jesus Cristo que sofreu tanto por nós.

Mansidão

Sejamos mansos com todos, superiores e inferiores, pessoas distintas e pessoas simples, parentes e estranhos, mas principalmente com os pobres e doentes, e mais especialmente ainda com aqueles que nos veem com maus olhos.

Ao repreendermos as faltas alheias, a mansidão de nossas palavras é melhor do que todos os outros meios e arrazoados. Por isso, não o façamos quando estivermos encolerizados, porque sempre a repreensão sairá amarga, seja no que dizemos, seja o modo de dizê-lo. Mas não repreendamos também uma pessoa irritada. A correção serviria mais para a exasperar do que para fazê-la cair em si.

O desapego das riquezas

Não invejemos os grandes do mundo, suas riquezas, as honras, as dignidades, nem os aplausos que recebem dos homens. Tenhamos inveja dos que mais amam a Jesus Cristo, porque vivem certamente mais contentes do que os maiores reis da terra. Agradeçamos ao Senhor que nos fez conhecer a vaidade de todos os bens terrenos, que causam a perda de tantas almas.

A vontade de Deus

Em nossas ações e pensamentos, não tenhamos em vista nossa satisfação, mas somente a vontade de Deus, por isso, não nos perturbemos quando não somos bem-sucedidos em qualquer trabalho. E quando nos saímos bem, não procuremos os aplausos e os agradecimentos dos homens. Se, pelo contrário, falam mal de nós, não façamos caso, pois trabalhamos para agradar a Deus e não aos homens.

Ser santo

Eis os principais meios para se chegar à perfeição:

Primeiro: evitar todo pecado deliberado, mesmo leve. Se tivermos a desgraça de cair em alguma falta, cuidado para não ficar perturbados e impacientes com nós mesmos. Devemos fazer com calma um ato de contrição e de amor a Jesus Cristo, prometer-lhe não mais ofendê-lo, e pedir-lhe a graça de lhe sermos fiéis.

Segundo: desejar chegar-lhe à perfeição dos santos e sofrer tudo para agradar a Jesus Cristo; se não tivermos esse desejo, pedir ao Senhor que no-lo conceda por sua bondade. Sem um verdadeiro desejo de nos santificarmos, não daremos jamais um passo sequer rumo à santidade.

Terceiro: estar bem resolvido a atingir a perfeição. Sem essa firme resolução, age-se com fraqueza e não se tem a coragem de superar os obstáculos; ao contrário, com o auxílio divino que nunca falta, uma alma resoluta vence tudo.

Quarto: fazer cada dia duas horas ou, ao menos, uma hora de oração mental, e nunca omiti-la sem verdadeira necessidade por qualquer aborrecimento, aridez ou agitação, em que nos encontremos.

Quinto: comungar mais vezes na semana, de acordo com o diretor espiritual. O mesmo se diga das mortificações externas, como jejuns etc. Fazendo alguém tais penitências sem a permissão do diretor espiritual, expor-se-ia a estragar a saúde ou a cair na vã glória. É, pois, necessário que cada um tenha seu diretor espiritual, a fim de submeter-se e obedecer a ele[1].

Sexto: rezar continuamente. Recomendar-nos a Jesus Cristo em todas as necessidades. Recorramos também à intercessão de nosso Anjo da Guarda, de nossos santos padroeiros, e principalmente, da Santíssima Virgem por cujas mãos Deus nos dá todas as graças.

Já vimos no capítulo VIII que da oração depende todo o nosso bem. Devemos principalmente pedir a Deus, todos

---

[1] Sto. Afonso volta a insistir na comunhão frequente, porém, conforme orientação da época, "segundo a indicação do diretor espiritual, pois, contra sua vontade não se deve fazê-la".

os dias, a perseverança em sua graça: quem a pede, recebe; quem não pede não a recebe, e se perde. Precisamos também pedir a Nosso Senhor seu santo amor e a perfeita conformidade a sua santa vontade. Não esqueçamos de apoiar sempre nossas preces nos méritos de Jesus Cristo. Essas súplicas, devemos fazê-las de manhã ao levantar, repeti-las na meditação, na comunhão, na visita ao Santíssimo Sacramento, e também à noite no exame de consciência. Principalmente nas tentações é que temos obrigação de suplicar a ajuda divina para podermos resistir; sobretudo quando somos tentados contra a castidade, invoquemos a Jesus e Maria. Quem reza, vence; quem não reza, é vencido.

A humildade

Quanto à humildade, não nos devemos envaidecer com as riquezas, honras, nobreza, talentos, nem com nenhuma outra vantagem natural e muito menos ainda com vantagens espirituais, lembrando-nos que tudo é dom de Deus. Devemos, pelo contrário, considerar-nos como os mais indignos dos homens e, consequentemente, gostar de nos ver desprezados sem fazermos como os que se dizem os piores de todos e querem ser mais bem tratados que os outros.

Aceitemos as correções com humildade, sem nos desculpar, mesmo quando repreendidos sem razão, contanto que não estejamos obrigados a nos defender para evitar um escândalo.

Guardemo-nos do desejo de aparecer e procurar honras humanas. Tenhamos sempre diante dos olhos a sábia máxima de São Francisco: "Somos na realidade o que somos diante de Deus". Pior ainda seria procurar na vida religiosa cargos honrosos ou de superioridade. A honra de um religioso é ser o mais humilde de todos; e mais humilde é aquele que abraça as humilhações com mais alegria.

Desapego do coração

Desapeguemos o coração de todas as criaturas. Quem está agarrado a alguma coisa da terra, ainda que mínima, nunca poderá voar e unir-se todo a Deus.

Desapeguemo-nos especialmente de toda a afeição desregrada a nossos parentes. Dizia São Filipe Néri: "Quanto afeto pomos nas criaturas, tanto tiramos a Deus"[2]. Tratando-se da escolha do estado de vida, devemos precaver-nos contra os parentes, que buscam mais seus interesses do que nosso proveito.

Devemos também renunciar ao respeito humano, à vã estima dos homens, e principalmente a nossa vontade própria. É preciso deixar tudo para ganhar tudo: "Tudo por tudo", como escreve Tomás de Kempis[3].

Paciência e calma

Não nos irritemos com nenhum incidente. Se às vezes nos vemos surpreendidos pela raiva, recorramos logo a Deus, e abstenhamo-nos de agir e falar, até termos a certeza de que a ira já passou. Por isso é bom que nas orações nos preparemos para todos os contratempos que possam sobrevir, a fim de que, quando acontecerem, não caiamos em falta. Lembremo-nos do que dizia São Francisco de Sales: "Nunca me irritei, sem ter de me arrepender depois"[4].

---

[2] Bacci, Vita, 1. 2, c. 8, n. 4: S. Filipe Néri.

[3] Imitação de Cristo, 1. 3, c. 37.

[4] Sta. Joana de Chantal, Vie et oeuvres, tom. 2, Fragments du petit livret. n. 11.

Aceitar a vontade de Deus

Toda a santidade consiste em amar a Deus, e todo o amor a Deus consiste em fazer sua vontade. Devemos, pois, acolher sem reserva todas as disposições da Providência a nosso respeito e, consequentemente, abraçar em paz tudo o que nos acontece de favorável ou desfavorável, nosso estado de vida, nossa saúde, tudo o que Deus quer. Todas as nossas orações devem ser dirigidas pedindo que Ele nos ajude a cumprir sua santa vontade.

Ora, para estarmos seguros de fazer sempre a vontade divina, o segredo é submeter-se cada um à obediência a seus superiores, se for religioso, e a seu confessor, se for um leigo. Devemos ter por certo o que dizia São Filipe Néri: "Ninguém dará contas a Deus do que fizer por obediência"[5], entendendo-se que a coisa mandada não seja pecado evidente.

Nas tentações

São dois os remédios contra as tentações: a resignação e a oração. A resignação porque, embora as tentações não venham de Deus, Ele as permite para nosso bem. Não nos deixemos, portanto, levar pela impaciência, por molestas que sejam elas. Submetamo-nos à vontade de Deus que permite as tentações e, para vencê-las, recorramos à oração que é a mais forte e a mais segura de todas as armas para vencer os inimigos.

Os maus pensamentos, por vergonhosos e perversos que sejam, não são pecados, pois, só o consentimento neles é que é pecado. Invoquemos os nomes de Jesus e Maria e não seremos jamais vencidos.

---

[5] Bacci, Vita, 1. 1, c. 20, n. 21 – S. Filipe Néri.

No momento da tentação, é bom renovar o propósito de antes morrer do que ofender a Deus; é bom fazer o sinal da cruz, usar água benta, manifestar a tentação ao confessor. Mas, o mais necessário de todos os remédios é a oração, pedindo a Jesus e a Maria auxílio para resistir.

Na purificação interior

Na aridez espiritual, são duas as virtudes que devemos particularmente exercitar: a humildade, reconhecendo que merecemos ser tratados assim; a resignação à vontade de Deus, abandonando-nos nos braços de sua infinita bondade. Quando Deus nos consola, preparemo-nos para as tribulações, que ordinariamente seguem as consolações. Quando nos manda a aridez espiritual, resignemo-nos à vontade de Deus e tiraremos assim maior proveito da desolação do que da consolação.

Viver bem

Para vivermos sempre bem, é preciso que gravemos profundamente no espírito certas máximas gerais de vida eterna:

Todas as coisas deste mundo acabam, os prazeres e os sofrimentos; mas a eternidade nunca tem fim.

De que servem, no momento da morte, todas as grandezas deste mundo?

Tudo o que nos vem de Deus, seja prosperidade ou adversidade, tudo é bom e para o nosso bem.

É preciso deixar tudo para ganhar tudo.

Sem Deus não se pode ter verdadeira paz.

Só uma coisa é necessária: amar a Deus e salvar a alma.

Só o pecado se deve temer.

Perdido Deus, tudo está perdido.

Quem nada deseja neste mundo, é senhor do mundo inteiro.

Quem reza se salva, quem não reza se condena.

Morra-se, mas se agrade a Deus.

Custe o que custar, Deus nunca será caro.

Para quem mereceu o inferno, todo o sofrimento é leve.

Tudo sofre quem olha para Jesus na cruz.

Tudo o que não se faz para Deus, transforma-se em sofrimento.

Quem só quer Deus, é rico de todos os bens.

Feliz de quem pode dizer de coração: Jesus, eu quero só a vós e nada mais.

Quem ama a Deus, encontrará alegria em todas as coisas; quem não ama a Deus, em nenhuma coisa encontrará verdadeiro prazer.

OBSERVAÇÃO

Querido amigo,

Você, que leu o livro *A Prática do Amor a Jesus Cristo*, terá chegado a alguma conclusão prática para sua vida. Isso é algo pessoal e pertence a seu íntimo. É coisa só sua.

Mas há alguma coisa que faz parte de uma constatação a respeito do autor como também do objetivo que ele teve ao escrever este livro. E certamente você percebeu o ardente amor de Afonso por Jesus Cristo. Parece até uma paixão. Ao lado disso você terá constatado o ingente esforço que ele faz para convencer os outros a amarem também Jesus Cristo com veemência. É esse, sem dúvida, seu objetivo perseguido com certa pertinácia.

Outra coisa que você terá visto é a preocupação de Afonso para que o amor a Jesus Cristo não fique somente em uma linha de afetos, mas se concretize e objetive na vida de cada dia através de atitudes. Tanto isto é verdade que ele tenta banir da vida do cristão a terrível tibieza para que aconteça uma verdadeira conversão para o amor.

1. POR QUE AMAR A JESUS CRISTO

Afonso procura dar a nosso amor a Jesus Cristo um caráter de resposta: devemos amar a Jesus Cristo porque Ele nos amou. E devemos amá-lo ardentemente, porque seu amor por nós também foi ardente. Todos conhecemos o provérbio "amor com amor se paga". E é uma verdade incontestável. Não há nada que pague o amor, nem ouro, nem prata, nenhum brilhante. O preço do amor é o amor.

Mas o amor é também uma necessidade. O homem foi feito para amar e ai de quem não ama. O homem tem fome, tem sede não só de ser amado. Ele sente necessidade de amar. E quando descobre que em Jesus Cristo seu amor encontra eco, resposta, então ele não resiste. E ama a quem o ama. Mais ainda. Quando o homem percebe sua pequenez, sua finitude, sua limitação, ele sente necessidade de amar quem é grande, infinito, ilimitado. Porque Ele preenche seu vazio. E é fácil ver a grandeza, a infinitude, a onipotência de Jesus Cristo.

Como disse Afonso, devemos amar a Jesus Cristo porque Ele nos amou. Sua sagrada paixão e morte na cruz outra coisa não é do que uma demonstração de amor por nós. "Como nos amou, quis amar-nos até o extremo do amor." (Jo 13,1) E o extremo do amor é aceitar sofrer e até morrer pela pessoa amada: "Não existe amor maior do que o daquele que dá sua vida por seus amigos" (Jo 15,13). E foi bem isto que Jesus fez. E esse é o motivo fundamental que Afonso dá para que amemos a Jesus Cristo.

A celebração da Eucaristia é uma verdadeira Páscoa. E o Cordeiro dessa páscoa que celebramos permanentemente é Jesus Cristo. É Ele que se faz presente sob as espécies de pão e de vinho para poder estar sempre em nosso meio e ser nosso alimento: "Desejei ardentemente comer esta Páscoa com vocês antes de sofrer" (Lc 22,14). É vontade de Jesus Cristo, manifestada na instituição da Eucaristia, de estar sempre celebrando a Páscoa conosco. Estar sempre em nosso meio. Sempre presente. "Isto é o meu corpo... Este é o cálice da minha aliança." "Quem comer deste pão e beber deste vinho viverá para sempre." Isto tudo nos diz que Cristo está na Eucaristia porque nos ama e quer ser amado por nós. Afonso diz que esta é mais uma razão para amarmos a Jesus.

Devemos ainda, diz Afonso, amar a Jesus Cristo pelo amor por nós que Ele colocou em tudo quanto fez. Porque fez tudo por nós, merece ser amado por nós.

2. SINAIS DE AMOR A JESUS CRISTO

Afonso, a partir de comentários à primeira carta de São Paulo aos Coríntios 13,1-13, aponta os sinais dados por aquele que ama verdadeiramente a Jesus Cristo. São 14 sinais. Sinais que devem aparecer em nossas atitudes. Você já os leu e refletiu sobre seu alcance. Mas é bom relê-los para que eles se gravem em suas vidas. Vejamos resumidamente os 14 sinais dos que amam a Jesus Cristo:

– Quem ama a Jesus Cristo, de verdade, ama o sofrimento porque descobre sua dimensão salvífica e purificadora.

– Quem ama a Jesus Cristo não tem inveja dos grandes e poderosos do mundo, mas inveja tão somente os que o amam ardentemente.

– Quem ama a Jesus Cristo é manso, porque procura retratar em sua vida aquilo que luziu na pessoa de Jesus Cristo, a mansidão: "Aprendei de mim que sou manso e humilde de coração".

– Quem ama a Jesus Cristo foge da tibieza e mediocridade, porque estas coisas empestam e apagam o amor.

– Quem ama a Jesus Cristo ama aquilo que Ele muito amou: a humildade. Amar é ser humilde.

– Na vida de quem ama a Jesus Cristo não existe ambição desmedida pelas coisas materiais. Sua ambição é o próprio Jesus Cristo.

– O desprendimento, o desapego das coisas deste mundo é a força daquele que ama realmente a Jesus Cristo.

– Quem ama a Jesus Cristo não conhece o egoísmo, mas é totalmente desprendido de si mesmo.

– A irritação, a ira não cabe no coração de quem ama a Jesus Cristo.

– Fazer única e exclusivamente o que Jesus quer que seja feito é a marca daquele que o ama de verdade.

– Quem ama de fato a Jesus Cristo é capaz de suportar todo e qualquer sofrimento por amor a Ele.

– Crer no que diz a pessoa amada é crer na própria pessoa. E só quem ama, crê. Então crer em tudo que Jesus disse é amá-lo.

Quem ama a Jesus Cristo, dele espera tudo e nunca o deixa de amar.

Olhe e veja: que sinal ainda falta em você para que você ame mesmo a Jesus Cristo?

ÍNDICE